D1730052

Л. А. Брусенская, Г. Ф. Гаврилова

РУССКИЙ ЯЗЫК

Словарь-справочник

Ростов-на-Дону
«Феникс»

Москва
«Зевс»

1997

ББК 28.6
Б 62

Брусенская Л. А., Гаврилова Г. Ф.
Б 62 Русский язык. Словарь-справочник. Ростов н/Д.:
Изд-во «Феникс», 1997. — 352 с.

Словарь-справочник «Русский язык» ориентирован прежде всего на школьников и абитуриентов, которые найдут в нем информацию по всем разделам школьного курса русского языка. Однако книга может быть использована самым широким кругом читателей. Язык был и остается важнейшим инструментом общения и познания. Степень владения этим инструментом определяет уровень культурного развития человека. Сегодня трудно представить профессионала, не способного грамотно излагать свои мысли. Все другие отрасли знания не могут не опираться на язык. Поэтому справочник по русскому языку может быть полезен всем, кто желает улучшить свою языковую подготовку и повысить культуру речи.

ББК 28.6

$$\text{Б} \frac{5730000000}{4\text{МО(03)}-97} \text{ без объявл.}$$

ISBN 5-85880-611-2

Предисловие

Словарь-справочник по русскому языку предназначен прежде всего абитуриентам и школьникам, которые найдут в нем концентрированную информацию по всем разделам русского языка, изучаемым в школе.

Материал представлен в алфавитном порядке. Читатель (в зависимости от своих целей) может воспользоваться либо только сжатой информацией, которая содержится уже в первом предложении словарной статьи (например: «Историзмы — это разновидность устаревших слов, названия исчезнувших предметов и явлений»), либо более подробными сведениями с комментариями и примерами. То есть книга соединяет черты словаря, оперирующего «ближайшим» значением термина, и учебного пособия, углубленно раскрывающего каждое понятие.

Авторы ориентировались в основном на школьный программный материал, однако сочли необходимым включить и некоторые дополнительные статьи. Так, в статье «Заимствования» речь идет об экспансии английского в современном русском языке и дается оценка этого явления. Статья «Старославянизмы», дающая представление о важнейшем в культурном отношении пласте заимствований, поможет задуматься о корнях русского слова. Академик Д. С. Лихачев отмечал, что отмена преподавания церковнославянского языка обернулась большими потерями в области культуры общества. Есть и много других причин, которые в совокупности привели к тому, что сегодня люди знают родной язык плохо. Это вызывает обеспокоенность в обществе, что нашло отражение в федеральной целевой программе «Русский язык». Один из пунктов этой программы предусматривает создание нового поколения учебных пособий по русскому языку. Настоящий словарь-справочник создан во исполнение этого положения программы.

Авторы словаря-справочника — профессора Ростовского государственного педагогического университета.

А

Абстрактные существительные — см. *Лексико-грамматические разряды.*

Азбука — см. *Алфавит.*

Активный словарь — часть словарного состава, включающая в себя ограниченное число лексических единиц, которые наиболее часто используются в речи, так как обозначают важные понятия. Эти лексические единицы говорящий свободно использует в спонтанной речи: дом, мать, дочь, брат, книга, тетрадь, читать, думать, хорошо, погода, осень, время, один, мы, кто и т. д.

Активный словарь, в отличие от других групп лексики, изменяется медленно. Ядро активного словаря составляют стилистически нейтральные единицы. Слова активного словаря имеют развитую систему значений, широкую сочетаемость и словообразовательную активность.

Изучение языка целесообразно начинать именно с усвоения слов активного словаря, поэтому очень важно определить круг слов, входящих в активный словарь.

Актуальное членение предложения — выделение в нем частей, которые различаются участием в сообщении определённой информации. В роли основных компонентов такого членения выступает тема (информация, известная собеседнику) и рема (часть сообщения, которая содержит новую информацию, не известную собеседнику). Важнейшими средствами такого членения предложения являются порядок слов и интонация. Обычно слова или словосочетания, обозначающие тему, начинают предложение, так как повторяют информацию, изложенную в предшествующем тексте: *Отец прислал телеграмму*. Тема в данном предложении «отец» (что сделал отец?) и ср.: «Телеграмму прислал отец». Тема данного предложения «Телеграмму прислал» (кто прислал телеграмму?). В первом предложении рема — «прислал телеграмму», во втором рема — «отец».

Иногда рема выделяется лишь интонационно: (так, ответ на вопрос «Кто прислал телеграмму?» может быть: «Отец прислал телеграмму», где рема — слово «отец» — выделено усиленным фразовым ударением).

Алфавит — это совокупность букв, расположенных в принятом для данного языка порядке. Алфавит — слово греческое, оно состоит из названий двух первых букв греческого алфавита («альфа» и «вита»). Русский синоним «азбука» — это калька (см. *Калька*) с греческого.

Русское письмо является звуковым, то есть при помощи букв в нем изображаются звуки. Буква — это графический знак, который обозначает какой-либо звук. В русском алфавите 33 буквы, из которых 10 обозначают гласные звуки, 21 — согласные и две буквы (**ь, ъ**) не обозначают звуков. Русский алфавит имеет прописные и строчные буквы, буквы печатные и рукописные, в книгах возможно курсивное изображение букв.

Русский алфавит и названия букв

Аа	Бб	Вв	Гг	Дд	Ее	Ёё	Жж	Зз	Ии	Йй
(а)	(бэ)	(вэ)	(гэ)	(дэ)	(е)	(ё)	(жэ)	(зэ)	(и)	(и-краткое)

Кк	Лл	Мм	Нн	Оо	Пп	Рр	Сс	Тт	Уу
(ка)	(эл, эль)	(эм)	(эн)	(о)	(пэ)	(эр)	(эс)	(тэ)	(у)

Фф	Хх	Цц	Чч	Шш	Щщ	Ъ
(эф)	(ха)	(цэ)	(че)	(ша)	(ща)	(твердый знак)

Ыы	Ьь	Ээ	Юю	Яя
(ы)	(мягкий знак)	(э)	(ю)	(я)

В основе русского алфавита лежит письмо, созданное славянскими просветителями Кириллом и Мефодием, — кириллическое письмо. Кириллицу преобразовал Пётр I: устранил буквы-дублеты, изменил начертания букв — они стали проще, писать стало легче. По словам М. В. Ломоносова, «не только боярам повелел Пётр снять шубы, но и буквам».

Иногда приводится русский алфавит из 32 букв (см., например, 4-томный «Словарь русского языка» 1959—1961 гг.). «Факультативная» буква в русском алфавите — ё. Дело в том, что это самая «молодая» буква: её изобрёл русский писатель Н. М. Карамзин. В 1796 г. в одном из Альманахов было впервые напечатано слово слёзы (с буквой ё). И сейчас в печатных изданиях эту букву не всегда набирают (особенно — в газетах).

Русский алфавит относится к наиболее распространенным. Вообще наиболее распространенные — это латинский, арабский и русский алфавиты. Русский алфавит используется народами, говорящими на 60 языках. В 20-е годы XX в. татары, казахи, узбеки, таджики, азербайджанцы вместо арабского алфавита стали использовать латинский, а затем русский алфавит.

В основе русского алфавита лежит слоговой принцип (см. подробнее *Графика*).

Анахронизм — распространенная ошибка в сочинениях абитуриентов и школьников, которая состоит в употреблении терминов, понятий, не соответствующих описываемому времени. Например: «Буденный со своими **дружинами** громил тылы белых армий» (из сочинения школьника). Дружина — это вооруженный отряд при князе в Древней Руси. В современном русском языке это анахронизм (в этом значении; в других значениях — пожарная дружина, санитарная дружина — слово общего языка).

Антонимы — это слова с противоположным значением. Конечно, чтобы иметь противоположные значения, слова должны быть соотносительными в плане лексического значения. Например, антонимы «черный» и «белый» — это обозначения цвета, а антонимы «день» и «ночь» определяют время суток.

Антонимы бывают разнокорневыми и однокорневыми. Однокорневые антонимы имеют одинаковые корни, а противоположность значений создаётся за счет приставок: *подземный — надземный, красивый — некрасивый*. В разнокорневых антонимах противоположность значений заключена в самом корне: *мелкий — глубокий, твёрдый — мягкий, жарко — холодно*.

Антонимы — это яркое средство создания выразительности в художественном тексте. На противопоставлении антонимов основана такая стилистическая фигура, как антитеза. Ср.: *«Ложь — религия рабов и хозяев... Прав-*

8

да — бог свободного человека» (М. Горький); «Зачем ладонь с повинной ты на сердце кладёшь? Чего не потеряешь, того, брат, не найдёшь» (Б. Окуджава). Часто на противопоставлении антонимов основаны пословицы и поговорки: «Доброго чтут, а злого не жалуют», «Ученье — свет, а неученье — тьма», «Молодость летает вольной пташкой, старость ползёт черепашкой».

Другая стилистическая фигура, основанная на антонимии, — это оксюморон — соединение двух антонимов в одном наименовании. С помощью оксюморона характеризуются противоречивые по своей сущности предметы и явления. Ср. названия литературных произведений — «Живой труп» Л. Н. Толстого, «Горячий снег» Ю. Бондарева или выражения типа «горькая радость», «сладкая мука», «молодой старик».

Архаизмы — разновидность устаревших слов. Архаизмы называют предметы, явления, по-прежнему актуальные, но получившие в современном языке новые наименования, т. е. архаизмы оказались вытесненными из активного употребления другими словами. Например, архаизмами являются слова «яхонт» (современное «рубин»), «длань» (ладонь), «врачевание» (лечение), «почивать» (спать), «понеже» (поэтому). Архаизмами стали многие старославянизмы (см. *Старославянизмы*), например: *алкати* (голодать), *выя* (шея), *чело* (лоб), *брег* (берег).

Может случиться, что архаичным (от греческого слова archaios — древний) становится значение слова, если это слово приобрело в современном языке другой смысл. Так, прежде «позор» обозначало «зрелище», «врать» значило «рассказывать», и если этого не учитывать, то тексты классической литературы могут быть истолкованы неверно.

В слове может устаревать какой-то оттенок смысла. Например, в начале повести «Капитанская дочка» А. С. Пушкин пишет: «Все мои братья и сестры умерли во младенчестве». Мы понимаем это предложение без труда, но мы сейчас скажем и напишем иначе, потому что слово «младенчество» утратило обиходный смысл, перестало употребляться как слово разговорного языка, оно осталось на периферии языка и используется в более абстрактном значении по преимуществу в поэтических текстах.

Хотя архаизмы — слова пассивного запаса, не входят в лексику активного употребления, но о них надо иметь представление, чтобы понимать классическую литературу, где они используются как изобразительный приём с различными стилистическими функциями (помогают писателю передать колорит эпохи, уточнить речевую характеристику персонажа).

Афоризм — лаконичное, отточенное по форме и выражающее обобщенную мысль изречение. Слово происходит от греческого aphorismos — изречение. Афоризмы, как правило, затрагивают темы нравственных отношений, закономерностей жизни людей. Афоризмами называют и авторские изречения, и народные пословицы. Наиболее известны такие сборники афоризмов: Ф. Ларошфуко «Максимы и размышления», «Мысли и афоризмы Козьмы Пруткова», «Отрывки из ненаписанного» Э. Кроткого. Например, афоризмы Козьмы Пруткова: «Усердие всё превозмогает», «Обручальное кольцо есть первое звено в цепи супружеской жизни», «Эгоист подобен давно сидящему в колодце».

Удачное использование афоризма в качестве эпиграфа к сочинению, цитаты может украсить школьную творческую работу.

Б

Безличные глаголы — см. *Лицо* (глагола).

Безличные предложения — это односоставные предложения, которые называют состояние или действие, не зависящие от воли деятеля.

В безличных предложениях состояние или действие как бы совершаются сами собой и не зависят от воли человека. Поэтому главный член в них чаще всего выражен безличным глаголом (или личным в безличном значении), совпадающим по форме с 3-м л. един. числа, а также наречием, обозначающим состояние, необходимость, желательность действия (словами категории состояния). При этом наречие (или слово категории состояния) может иметь зависимую неопределенную форму глагола: «*Словом можно вылечить человека*», «*В комнате пахнет яблоками*», «*В лесу сумрачно и тихо*» (М. Г.).

Главный член может быть выражен и неопределенной формой глагола. Такие предложения обозначают либо приказ, либо невозможность или необходимость действия с точки зрения говорящего: «*Вам не видать таких сражений!*» (Л.), *Стать в две шеренги!* Иногда с частицей «бы» такие предложения выражают пожелание: «*Отдохнуть бы вам немного*». То есть предложения с главным членом — независимым инфинитивом всегда выражают какое-то мнение говорящего о сообщаемом факте (о необходимости его, неизбежности, желательности), его личное отношение к сообщаемому: *«Не опоздать бы!»* (значение опасения).

Безличные предложения могут иметь разные значения:

1. Безличные предложения с пассивным деятелем, выраженным творительным падежом: «Волной захлестнуло лодку».

2. Безличные предложения , выражающие физическое или психическое состояние человека: «А Варьке хочется спать» (Ч.); «Мне грустно, потому что весело тебе» (Л.).

3. Предложения, сообщающие о состоянии природы или окружающей среды: «В поле еще прохладно» (И. Бунин).

4. Предложения, обозначающие отсутствие чего-либо (кого-либо): «У него не было родных» (Л.).

5. Предложения со значением возможности, необходимости какого-либо действия. В них наречие подчиняет неопределенную форму глагола: «Надо помогать друг другу», «Необходимо всем заниматься спортом».

Бранные слова — нелитературные слова, недопустимые в речи культурного человека; то же, что сквернословие, ругательные слова.

К сожалению, сквернословие стало печальным признаком нашей сегодняшней жизни. Нецензурные слова проникли во многие сферы, сквернословие охватило все возрасты. Эту проблему изучают психологи, педагоги, лингвисты. Многие из них считают, что легализация сквернословия — это отражение возросшей в нашем обществе агрессивности.

В XIX в. в некоторых кругах русского общества ругательством считалось слово «чёрт». Неприлично было говорить «чёрт знает что», «чёрт побери», «ни черта не делает». В XX в. это слово стало обиходным. Так что, вполне возможно, когда-нибудь перестанут быть бранными какие-то из слов, сегодня воспринимаемые как постыдные. Но пока этого не произошло, нужно избегать употребления таких слов.

Как избавиться от бранных слов и сохранить речь в чистоте? Как быть с теми, кто сквернословит? Конечно, мы не можем исправить общество в целом, но мы можем, во-первых, не употреблять нецензурных слов и пресекать их употребление внутри семьи, класса, группы. Надо осознать, что сквернословие — это зло, с которым надо бороться. В. К. Харченко (в журнале «Русский язык в школе», 1997, № 1) рассказывает о том, как боролись со сквернословием раньше: служители церкви обращались к молодёжи с предупреждением: «Не сквернословь. Потому что, когда человек говорит плохие слова, от него отлетает ангел». Вот каким сильным средством избавляли наших предков от желания сказать плохое слово! Если будешь сквернословить, защиты не будет тебе, крыла над тобой не будет, потому что Бог помогает достойному помощи. Церковь внушила, что всё сказанное человеком будет измерено, «взвешено» — всё до единого слова, и каждому воздастся за дела и слова его.

В

Вводные слова, словосочетания, предложения передают отношение говорящего к содержанию высказывания или содержат добавочные замечания, пояснения к нему.

С помощью вводных слов, словосочетаний и предложений говорящий выражает свое отношение к высказыванию: уверенность—неуверенность в наличии событий, радость, огорчение по поводу события, о котором сообщается, а также оценку способа оформления мысли в высказывании или оценку значимости событий, мыслей по степени их важности, источник информации.

Трудность в выделении вводных единиц и постановке знаков препинания при них заключается в том, что нельзя задать к ним вопроса, так как они не являются членами предложения. В то же время возможность задать вопрос к слову или словосочетанию свидетельствует о том, что это — член предложения, а не вводная единица.

Например: *«А счастье было так возможно, так близко»* (П.), *Отец, возможно, приедет через неделю.* В первом случае «возможно» — часть именного сказуемого, а во втором — «возможно» не отвечает ни на какой вопрос и передает неуверенность говорящего в осуществлении события; его возможность.

Вводные слова обычно легко замещаются их синонимами. Ср.: *Отец, вероятно* (по-видимому, видимо, может быть), *приедет через неделю.* Или: *К счастью, путь наш пролегал по ровной местности.* Вводное слово «к счастью» можно заменить другими вводными — «на счастье», «к наш радости». Но ср.: *К счастью (к чему?) стремятся все люди.* Вводное сочетание «может быть» легко заменить словами «возможно», «вероятно»: *В соревнованиях Юра, может быть* (возможно, вероятно), *прибежит первым.* И ср.: *В соревнованиях Юра может быть первым* — здесь «может быть» — часть сказуемого и не выделяется запятыми.

Вводные слова в устной речи выделяются интонацией (паузой после них и сравнительно быстрым темпом произношения).

Вводные слова и сочетания могут иметь следующие значения:

1) выражать уверенность в осуществлении события: «*Где видишь одного, другой уж, верно, там*» (Кр.);

2) предположение о наличии события: «*Все, казалось, предвещало легкую победу*» (А. Н. Т.). «*Может быть, мы не увидимся более*» (М. Г.);

3) различные чувства: «*К моему удовольствию, батюшка согласился на мою просьбу*» (С.-Щ.);

4) указывать на источник сообщения: «*Чайковский любил свою родину — по его признанию, никакая роскошь итальянского пейзажа не могла заменить ему милого подмосковного пейзажа*» (Н. Михайлов);

5) указывать на способ оформления мыслей: «*Нрава она была весьма странного, или, лучше сказать, запуганного*» (Т.);

6) на порядок следования мыслей и их отношение друг к другу: «*Во-первых, Жухрай из здешних мест, во-вторых, он слесарь и монтёр…*» (Н. Остр.).

Вводные единицы, которые выражают отношение говорящего к высказыванию и могут стоять не только в середине или конце предложения, но и в начале его, следует отличать от вводных единиц, которые содержат какие-то добавочные замечания, пояснения и никогда поэтому не могут стоять в начале предложения. Ср.: *Осенью, как я и предполагал, Андрей уехал* и *Осенью (это случилось в октябре) Андрей уехал.* В первом случае вводное предложение можно поставить в начале предложения: *Как я и предполагал, осенью Андрей уехал.*

В отличие от остальных вводных единиц, вводные слова, словосочетания и предложения, которые передают добавочные замечания и которые нельзя поставить в начале предложения, выделяются не запятыми, а тире или скобками: *«Год назад — не помню где — я встретился с ним»; «Он надел тулуп (дело было зимой) и вышел на улицу»;*

«Орловская деревня (мы говорим о восточной части Орловской губернии) обыкновенно расположена среди распаханных полей, близ оврага» (Тургенев).

В роли таких вводных единиц с добавочным содержанием могут выступать словосочетания и значительно реже — отдельные слова: *Пришлите мне несколько иллюстрированных журналов (три).* Вводный характер слова обычно подчеркивается тем, что нарушена его грамматическая связь с остальными членами предложения. Ср.: *Пришлите мне три иллюстрированных журнала.*

Вещественные существительные — см. *Лексико-грам. разряды.*

Вид — это грамматическая категория, которая характеризует действие, обозначенное глаголом. Глаголы совершенного вида указывают на результативное действие (*выучить*), на однократное действие, которое нельзя представить длящимся, продолжительным (*крикнуть*); с совершенным видом может быть связано значение начала действия (*запеть*) или его завершения (*спеть*). Глаголы несовершенного вида указывают на продолжительное, повторяющееся, длящееся действие (*учить, кричать, петь*).

Глаголы совершенного и несовершенного вида, имеющие сходное лексическое значение, называются видовой парой: кричать — крикнуть, говорить — сказать, решать — решить. Глаголы, составляющие видовую пару, отличаются друг от друга:

а) суффиксом: *решить — решать, прыгать — прыгнуть;*

б) приставкой: *писать — написать, делать — сделать;*

в) ударением: *разре́зать — разреза́ть, насы́пать — насыпа́ть;*

г) разными основами: *говорить — сказать, брать — взять.*

Составляют ли члены видовой пары формы одного слова или же это разные слова? Иначе говоря, вид глагола — это постоянный признак глагола, или же глаголы изменяются по видам? Наиболее распространенная точка зрения на вид состоит в том, что вид — постоянный признак глагола. Члены видовой пары, при всей близости их лексических значений, это все-таки разные слова, называющие действия, различные по своему характеру. Особенно ярко правильность такой точки зрения проявляется в тех случаях, когда видовая пара образуется с помощью приставки. В самом деле, глаголы учить и выучить, делать и сделать существенно отличаются по лексическому значению, в отдельных текстах они могут даже противопоставляться: *учил*, но не *выучил*.

Различия в значениях совершенного и несовершенного вида проявляются в особенностях сочетаемости глаголов. Так, глаголы совершенного вида не сочетаются со словами типа начинать, продолжать, заканчивать (можно: *начинать петь*, но начинать запеть — нельзя), с наречиями типа «долго» (можно: *долго петь*, но долго запеть — нельзя), с обстоятельствами типа «два года», «три дня» (можно: *два года петь*, но два года запеть — нельзя). Дело в том, что сочетаемость с подобными словами подчеркивает длительность, продолжительность действия, а это значение свойственно глаголам несовершенного вида и несвойственно глаголам совершенного вида.

Возвратные глаголы — это глаголы с частицей *-ся*, которая близка по значению к возвратному местоимению «себя». Возвратные глаголы обозначают такие действия, субъект (производитель) и объект которых совпадают в одном лице. Например: *Мальчик умывается*. Мальчик — производитель действия, субъект и в то же время он — объект, на который направлено действие. Ср: *Мальчик умывает малыша* — здесь субъект и объект действия не совпадают, и глагол невозвратный.

Возвратные глаголы надо отличать от форм страдательного залога, грамматическим показателем которых тоже является частица **-ся**: *Дом строится инженером*, а также от глаголов, которые без частицы **-ся** не употребляются (*казаться*).

Вопросительные предложения — тип предложений по целенаправленности высказывания. Цель их — побудить собеседника ответить на поставленный вопрос, сообщив какие-то сведения об уже известном факте или подтвердив (или не подтвердив) предполагаемое: *Когда ты едешь в Москву?*, *Ты был вчера в школе?* — Да, был.

Вопросительные предложения могут передавать вопрос с помощью местоимений и без помощи их. В первом случае предложение называется частновопросительным, во втором — общевопросительным, так как требует ответа о наличии или отсутствии целой ситуации, выраженной в вопросе: «— *Артисты уже приехали? — Да*».

В частновопросительных предложениях используются местоимения и местоименные слова **кто, что, какой, где, куда, откуда, почему** и др.: « — *С чего начинается Родина?*», «*Где же вы теперь, друзья-однополчане?*»

Общевопросительные предложения могут содержать частицы **разве, неужели, ли**: «— *Разве я тебе об этом не рассказывал?*»

В некоторых случаях вопросительные по форме предложения не содержат вопроса, а передают какое-либо сообщение, т. е. по содержанию оказываются повествовательными: «... *Кого не трогает искусство? Кого оно не облагораживает?*» (Ч.).

Вопросительные утвердительные предложения могут передавать:

1) усиленное отрицание: «Ну куда я пойду от хозяйства?» (Никуда я не пойду от хозяйства) — М. Шолохов;

2) побуждение, запрет: «Ты что мне свекор? А? Свекор? **Ты что меня учишь?** — М. Шолохов;

3) возражение собеседнику:

«— Небось наш курень уж развалился?

— **Нет, зачем же развалился**?» (М. Шолохов);

4) характеристику лица, предмета:

«—Ить это разве арапник? Это, брат, увечье, — голову отсечь можно» (М. Шолохов);

Вопросительные утвердительные предложения с вопросительными словами часто строятся по устойчивым схемам:

«— **Что же, я на двое должна разорваться?** — бурчала заспанная, сердитая спросонок Дарья» (М. Шолохов).

«— **Я-то почём знала?** — смутилась Ильинична» (М. Шолохов).

«— Тебе интересно, как я думаю, как Николай, как отец? **Да какое тебе дело?**» (Ч.).

Предложения типа «Какое мое дело?» информируют о нежелании говорящего принимать в чём-то участие.

Восклицательные предложения — тип предложений, который передает эмоциональное отношение говорящего к содержанию высказывания. Эмоциональное отношение в восклицательных предложениях передается с помощью частиц **что за, как, какой, вот так, ну и** и др., а также междометиями. Все эти предложения характеризуются особой эмоциональной интонацией. В конце восклицательного предложения на письме ставится восклицательный знак: *«Как ночь светла, и на душе светло!»* (Г. Серебряков). Восклицательным предложениям противостоят невосклицательные, которые лишены эмоциональной окраски. Повествовательные, вопросительные и побудительные предложения (разные по цели высказывания) могут быть и восклицательными и невосклицательными: *«И жизнь хороша и жить хорошо!»* (Маяк.) — повествовательное восклицательное предложение; *«Что ж ты молчишь?! — Лев прорычал в смятении»* (С. Михалков) — вопросительно-восклицательное предложение; *«Прости, брат!»* — еще *раз попросил Гаврила»* (М. Г.) — побудительно-восклицательное предложение.

Время — это грамматическая категория, которая выражает отношение действия, названного глаголом, к моменту речи.

Настоящее время показывает, что действие совпадает с моментом речи: *Сижу за решёткой в темнице сырой; Вижу чудное приволье* — названные процессы происходят тогда, когда о них говорится. Формы настоящего времени бывают только у глаголов несовершенного вида, глаголы совершенного вида не имеют форм настоящего времени, потому что значение настоящего времени, представляющее действие длящимся, не соответствует значению совершенного вида.

Будущее время выражает действие, которое совершится после момента речи: *«Придут времена великой расплаты. Наши мучения и гибель ударят по сердцам с томительной силой. Всё низкое будет раздавлено в пыли, и счастье людей станет задачей вождей и полководцев»* (Пауст.). Писатель говорит о том, что произойдёт в будущем, после момента речи.

Будущее время бывает простым и сложным. Формы будущего простого имеют глаголы совершенного вида; они образуются с помощью личных окончаний: *прочитаю, нарисует.* Будущее сложное образуется от глаголов несовершенного вида: *читать — буду читать, рисовать — будет рисовать.* При этом используется форма простого будущего времени от глагола *быть* и инфинитив глагола несовершенного вида.

В настоящем и будущем времени глаголы изменяются по лицам и числам.

Прошедшее время глагола образуется от основы инфинитива с помощью суффикса -л: *пел, работал, читал, говорил*. Реже бывают формы без суффикса -л: *нёс, вёз, лёг*, но в форме женского рода суффикс -л появляется и у этих глаголов: *везла, несла, легла*.

Глаголы в прошедшем времени изменяются по числам, а в единственном числе — по родам.

Второстепенные члены предложения — слова или словосочетания, которые распространяют грамматическую основу предложения или зависимые от нее слова: *«Тонкие стволы берез тихо белели вдали»* (Фадеев). В данном предложении второстепенные члены «тонкие» и «берез» (определения) зависят от подлежащего; второстепенные члены «вдали» и «тихо» — от сказуемого (это обстоятельства). Второстепенные члены предложения по характеру их отношений с подчиняющим их словом (от которого задается вопрос к второстепенному члену) делятся на определения, дополнения и обстоятельства.

Тип второстепенного члена предложения часто зависит от лексического значения подчиняющего слова, например: *Сплел корзину из ветвей* («из ветвей» — дополнение — сплел из чего?) и *Птица вылетела из ветвей (откуда вылетела? — «из ветвей» — обстоятельство).

Иногда второстепенные члены предложения могут быть многозначными. К ним можно задать сразу два или несколько вопросов: Он уехал к родителям — можно задать и вопрос «куда уехал?» и «к кому уехал?», то есть перед нами член предложения, совмещающий признаки дополнения и обстоятельства.

Г

Гипонимия — иерархическая организация лексических единиц, основанная на родо-видовых отношениях. Термин происходит от греч. *hypó* — под, внизу и *ónyma* — имя. Примером гипонимических отношений могут быть отношения слов типа «карась», «щука», «сом», «сазан» со словом «рыба». Здесь названия конкретных видов рыб выступают как гипонимы, а слово «рыба» по отношению к ним — гипероним.

Гипонимия сближается с синонимией, однако взаимозамена гипонима и гиперонима не всегда возможна. Так, вместо «Мне подарили розы» можно сказать: «Мне подарили цветы», а обратная замена не всегда возможна, так как цветы могут быть не только розами.

Глагол — важнейшая часть речи в русском языке. В древности глаголом называли слово, речь вообще (отсюда пушкинское: «Глаголом жги сердца людей»). Уже в таком названии части речи подчёркивается её особая значимость.

Глагол как часть речи обозначает процесс. Под процессом имеются в виду и различные действия, связанные с трудовой деятельностью человека (*шить, копать, варить, рубить*), и действия, связанные с интеллектуальной деятельностью (*говорить, решать, понимать*); это также названия различных состояний (*спать, грустить, болеть*), а также процессов, происходящих в природе (*све-тает, вечереет, смеркается*).

Морфологические характеристики глагола многообраз-ны, но самым характерным глагольным признаком явля-ется изменение по наклонениям, а в изъявительном на-клонении — по временам.

Синтаксические функции глагола очень важны: фак-тически глагол организует предложение, так как он явля-ется в предложении сказуемым и вместе с подлежащим образует грамматическую основу предложения.

Глагол — особенная часть речи ещё и в том смысле, что объединяет разнообразные формы, имеющие различ-ные грамматические признаки. Обычно выделяется четыре группы глагольных форм: инфинитив, личные формы, причастия и деепричастия. Причастия и деепричастия на-зывают неспрягаемыми глагольными формами, противо-поставляя их личным (спрягаемым) формам, а инфини-тив — особой неизменяемой формой глагола (см. *Инфи-нитив, Причастие, Деепричастие*).

Гласный звук — см. *Звук*.

Грамматика — это, во-первых, существующие в самом языке способы изменения слов и средства построения связ-ной речи, а во-вторых — это наука, изучающая эти спосо-бы и средства. Таким образом, термин «грамматика» дву-значен: он обозначает сам грамматический строй языка и науку, которая этот строй исследует.

Термин «грамматика» восходит к греческому слову, и прежде он употреблялся в значении «письменное искус-ство».

Грамматика как наука делится на два раздела: морфология (см. *Морфология*) и синтаксис (см. *Синтаксис*). Если морфология представляет инвентарь отдельных слов и их форм, то синтаксис изучает все эти слова и формы в их движении, жизни — в составе речи.

Морфология и синтаксис не имеют резких разграничительных линий. Есть морфологические категории, которые реализуются только в составе словосочетания и предложения. Например, в морфологии изучается такое свойство глаголов, как переходность, однако различия между переходными и непереходными глаголами проявляются только в составе словосочетания, где глагол либо управляет формой винительного падежа без предлога (переходный глагол: *читать книгу*), либо не имеет такой сочетаемости (непереходный глагол: *казаться*).

Объектом изучения грамматики являются грамматические значения (см. *Грамматическое значение*), составляющие грамматические категории (см. *Грамматическая категория*), а также средства выражения грамматического содержания — грамматические формы (см. *Грамматическая форма*).

Грамматическая категория — это общее свойство языковых единиц, которое получило грамматическое выражение. Например, все русские существительные обладают общим свойством — распределяются по родам, и родовые различия выражаются грамматически — либо с помощью окончаний (земля — женский род, стол — мужской род, окно — средний род), либо в составе словосочетаний (фактически — тоже с помощью окончаний, но не самого существительного, а зависимых от него слов: *красивое пальто, большой кенгуру, вкусная салями*). Значит, в русском языке есть грамматическая категория рода.

Грамматическую категорию составляют два или несколько противопоставленных друг другу грамматических значений. Так, грамматическую категорию числа составляют два грамматических значения — единственного и множественного числа (есть, однако, языки, где имеются также двойственное, тройственное и даже четверственное число), грамматическую категорию рода составляют три грамматических значения — м., ж. и ср. рода, а категорию падежа — шесть грамматических значений (Им., Род., Дат., Вин., Тв. и Пр. падежи).

Различают словоизменительные и словообразовательные грамматические категории. Словообразовательные грамматические категории связаны с постоянными признаками слов. Словообразовательной является категория рода у существительных, так как существительное имеет постоянный признак рода. Словоизменительные грамматические категории связаны с непостоянными признаками слов. Типичной словоизменительной категорией является падеж, так как по падежам существительные изменяются, сохраняя тождество лексического значения. О различии постоянных и непостоянных грамматических признаков см. также *Морфология*.

Грамматическая основа предложения — это соединение главных членов предложения — подлежащего и сказуемого, способное выразить элементарную ситуацию, соотнесенную с реальной действительностью.

Грамматическая основа предложения может быть выражена и одним главным членом предложения (подлежащим или сказуемым), например, в односоставном предложении: «Тишина», «Тихо вокруг».

Умение находить грамматическую основу особенно важно для правильности постановки знаков препинания. Если в предложении две грамматических основы, то перед нами сложное предложение и перед сочинительным союзом надо обязательно поставить запятую: «Стало темно, и зажгли фонари». Ср.: «Поставили фонари, и они осветили улицы ярким светом», но «Зажглись фонари и осветили улицы ярким светом».

Грамматическая форма — это средство выражения грамматического значения. В русском языке таким средством чаще всего является окончание. Например, в слове «хожу» окончание -у выражает целый ряд грамматических значений — изъявительное наклонение, настоящее время, 1-е лицо и единственное число. Кроме окончаний, грамматические значения могут выражаться суффиксами (различие в видовых значениях слов *решал* — *решил* связано с суффиксами *-а, -и*), приставками (ср. видовые различия у слов *делать* — *сделать*), постфиксами (частицами), например, частица *-ся*, которая указывает на страдательный залог (в предложении *Дом строится инженером*) и на возвратность (в предложении *Он умывается*).

Помимо простых грамматических форм (состоящих из одного слова), в русском языке есть формы сложные, например, сложные формы будущего времени, которые образуются от глаголов несовершенного вида — *буду читать*, или сложные формы степеней сравнения — *более правильный, самый красивый*. В сложном будущем грамматические значения передаются вспомогательным глаголом, а лексическое — инфинитивом.

Говорить о том, что в языке есть та или иная грамматическая категория, мы можем только в том случае, если есть соответствующая грамматическая форма — специальное средство, указывающее на определенное грамматическое содержание. (См. *Морфология, Грамматическая категория, Грамматическое значение*.)

Грамматическое значение — это значение, которое получает слово как единица грамматической системы. Если лексическое значение у слова связано с реальной действительностью (например, существительные называют реальные предметы, которые нас окружают, прилагательные — их признаки, глаголы — их действия), то грамматические значения абстрактны, это значения принадлежности слова к большим группам или классам, которые имеются в данном языке. Конечно, грамматические значения тоже могут быть связаны с реальной действительностью, но это опосредованная связь, к тому же она проявляется не всегда. Например, грамматическое значение женского рода, присущее слову «мама», отражает биологический пол, а у существительных «парта» или «лампа» женский род никакими связями с реальной действительностью не мотивирован, это только элемент языковой техники.

Грамматические значения в русском языке выражаются, как правило, с помощью аффиксов. Например, по окончанию существительного мы узнаем о значениях рода, числа и падежа; лампа — окончание -*а* указывает сразу на три грамматических значения: на женский род, именительный падеж и единственное число. Суффикс -*л* в глаголах — это показатель либо прошедшего времени, либо сослагательного наклонения (*читал, читал бы*).

Грамматические значения, противопоставленные друг другу, образуют грамматическую категорию (см. *Грамматическая категория,* а также *Морфология*).

Графика — это совокупность всех средств данной письменности, а также соотношение системы письменных знаков с фонетической системой языка.

Основной принцип русской графики называют слоговым. Смысл его в том, что о звуковом содержании буквы можно судить только в составе слога. Так, буква м может обозначать и твёрдый звук (*мэр*), и мягкий (*мерь*) в зависимости от того, перед каким гласным в составе слога она находится. Слоговой принцип русской графики нарушается очень редко. Например, сочетания «жи», «ши» пишутся с буквой «и», хотя согласные здесь твёрдые. Такое написание отражает старые нормы произношения: до XIV в. шипящие «ж» и «ш» были только мягкими. Или в словах иноязычного происхождения согласные перед «е» не смягчаются: *ателье, кафе* и под.

Графическая система не соотносится прямо со звуковой системой языка, потому что звуки намного разнообразнее, чем состав букв. Между звуками и буквами существуют сложные и неоднозначные отношения. Так, в русском языке буквы е, ё, ю, я двузначны: во-первых, они могут обозначать соответственно гласные **э, о, у, а** и мягкость предшествующего согласного (*мерить, мёл, утюг, мял*), во-вторых, они в определённых позициях обозначают два звука — **й** + гласный: в начале слова (*ель, ёлка, юг, яма*), после гласных (*знание, самоё, землёю, тобою, знания*), а также после «ь» и «ъ» (*съел, съёмка, адъютант, объявление, ручьями, деревьев*).

Современная русская графика — это результат длительного развития письменных традиций. Важную реформу русской графики провёл Пётр I. В результате этой реформы русское письмо приблизилось к живой речи, так как были устранены буквы, не обозначающие звуков. Введённая Петром гражданская азбука была ориентирована на латинскую.

В 1918 г. было издано постановление о введении нового правописания. По этому постановлению были исключены из алфавита буквы «ять», «фита», «ижица», они были заменены соответственно на «е», «ф», «и».

Грубые ошибки — ошибки в орфографии и пунктуации, имеющие особенно важное значение для характеристики грамотности: ошибки на безударные гласные в корне слова, в приставке, в окончании, на употребление звонких и глухих согласных в слабых позициях, на написание форм склонения имён и спряжения глаголов, на слитное и раздельное написание слов. Грубыми считаются те ошибки, которые свидетельствуют о непонимании состава слова, о незнании правил графики.

Негрубые ошибки, напротив, не свидетельствуют о неграмотности. Это, например, ошибки в редких, малоупотребительных словах, пропуски букв и т. п.

Двусоставные предложения — это предложения, грамматическая основа которых включает в себя два главных члена — подлежащее и сказуемое: «И дым отечества нам сладок и приятен» (Грибоедов). Они противопоставлены односоставным предложениям, где грамматическая основа выражена одним главным членом: ср.: «В лес дров не возят» (Посл.). В двусоставном предложении между главными членами отношения определяемого и определяющего, сопровождаемые модальным и временным значением: «Пурпурной полосой огня прозрачный озарен закат» (Фет). От подлежащего «закат» можно задать вопрос к сказуемому: каков закат? в каком состоянии? — «озарен». Сказуемое здесь согласуется с подлежащим в роде, числе.

Деепричастие — это особая форма глагола, совмещающая в себе свойства глагола и наречия. Как и глагол, деепричастие обозначает действие, но действие дополнительное, сопутствующее главному, названному инфинитивом или спрягаемой формой. Деепричастия объединяются с глаголом общностью вида: от глаголов совершенного вида образуются деепричастия совершенного вида, причём имеющие собственные морфемные показатели вида — суффиксы — -в, -вши (сделать — сделав, сделавши). От глаголов совершенного вида образуются деепричастия несовершенного вида с помощью суффиксов **-а(я)** и редко — с помощью суффиксов **-учи (-ючи)**: *делать — делая, уметь — умеючи, умея.*

Деепричастия, образованные от возвратных глаголов, сохраняют аффикс **-ся** и значения возвратности: *умываться — умываясь.* Особенности управления, свойственные глаголам, также сохраняются в формах деепричастий. Например, деепричастия, образованные от переходных глаголов, также присоединяют к себе форму Вин. п. существительного, обозначающего объект, на который направлено действие: *читать книгу — читая книгу.*

С наречиями деепричастия сближаются по признаку морфологической неизменяемости. Есть определённая близость и в лексическом значении деепричастий и наречий, так как и те и другие обозначают признак основного действия. Синтаксические функции у наречий и деепричастий одинаковы: они являются обстоятельствами и зависят от глаголов.

Употребляя в устной и письменной речи деепричастия, важно помнить, что выражаемое ими действие и действие, обозначенное основным глаголом, должны быть связаны с одним субъектом: *Мальчик сидел на диване, читая книгу* (оба действия — сидел и читал — осуществляются одним субъектом).

Диалектизмы — слова из диалекта (о диалектах см. *Литературный язык*), которые могут быть использованы в художественной литературе для создания местного колорита или для речевой характеристики персонажа. Например, в произведениях М. А. Шолохова встречаются диалектизмы «серники» — спички, «цибарка» — ведро, «курень» — казачий дом, отражающие особенности донских говоров. В широком смысле к диалектизмам относятся и особые грамматические формы, свойственные тому или иному диалекту (ср. «широкие степя́» вместо «степи», «мяса́» вместо «мясо»).

Диалектные слова могут постепенно переходить в литературный язык — так произошло, например, со словом «уйма» или со словом «закрома».

Часто употребляемые в художественных произведениях диалектизмы включаются в словари литературного языка — как правило, с пометой «обл.» — областное. Есть специальные словари диалектной лексики, например «Словарь русских донских говоров» в 3-х томах, Изд-во Рост. ун-та, 1976.

Диалекты — см. *Литературный язык*.

Диалогическое единство — текст, который состоит из высказываний двух и более участников речи и представляет собой структурное и смысловое целое. В диалогическом единстве каждая последующая реплика структурно и по смыслу связана с предыдущей и опирается на ее содержание: «*Мальчик, не знаешь ли, кто это тут сейчас играл? — Это я...*» (Короленко).

Наиболее распространенным является вопросно-ответное диалогическое единство. При этом ответная реплика часто представляет собой неполное предложение: «*— Что ты делаешь? — Абажур* (А. Н. Т.). Вместо полного предложения «Я делаю абажур» употреблено неполное предложение.

Дополнение — второстепенный член предложения, который обозначает предмет и выражен падежными (или предложно-падежными) формами существительного.

Дополнение чаще всего зависит от глагола или отглагольного существительного и всегда отвечает на вопросы косвенных падежей.

В грамматике существует деление дополнений по форме их выражения на прямые (выраженные Вин. падежом) и косвенные (выраженные всеми другими падежными формами).

Прямые дополнения часто совпадают по форме и с подлежащим (когда Вин. падеж существительного совпадает с Им. падежом): Отсюда хорошо слышно шум леса и гул прибоя и Отсюда хорошо слышны шум леса и гул прибоя. В первом случае «шум» и «гул» — дополнения (вопрос *что?* ставится от слова «слышно»), во втором случае эти слова — подлежащие.

Значение дополнения может осложняться значениями определения или обстоятельства: «Потемневшее от пыли голубое южное небо мутно» (М. Г.). «От пыли» — член предложения, совмещающий значение дополнения и обстоятельства (к нему можно задать вопросы *от чего?* и *почему?*).

Дополнения, помимо косвенных падежей существительных, могут быть выражены неопределенной формой глагола. В последнем случае они передают не отношение предмета к действию, а отношение действия к действию. Но деятели обоих действий разные: — *«Я велю принести коврик»* (Гоголь), *Хозяин предложил всем пройти в столовую.*

Жаргонизмы — слова из жаргона (искусственного языка), понятного лишь определенным группам людей, объединенным каким-либо занятием, возрастом и под. Есть жаргонизмы из студенческого, школьного жаргона («читать по диагонали» — о поверхностном чтении, «хвост» — несданный экзамен, задолженность, «стипуха» — стипендия и под.).

Жаргонизмы допустимы в разговорном языке, они способны «оживить» язык, с их помощью реализуется потребность человека в игре со словом.

Но в научном, официально-деловом стилях жаргонизмы, как и просторечные элементы, совершенно недопустимы.

З

Заимствование — слово, словообразовательный аффикс или конструкция, вошедшие в данный язык из другого языка. Чаще всего говорится о заимствованиях как об иноязычных словах. Заимствования противопоставлены исконной лексике.

Чаще всего слова заимствуются вместе с предметами, которые они обозначают. Ср. пушкинское: «*Но панталоны, фрак, жилет — всех этих слов на русском нет*». Заимствования могут быть результатом длительных контактов народов. Так, многие названия, относящиеся к быту, пришли в русский язык из тюркских языков в период татаро-монгольского владычества — *лапша, войлок, сундук, чердак, арбуз* и др.

В XVIII—XIX вв. больше всего слов пришло в русский язык из французского. Это и слова бытового характера (названия предметов одежды, блюд — *пальто, костюм, кашне, бульон, котлета*), и общественно-политические термины (*шовинизм, контроль, парламент*), и слова из сферы искусства (*спектакль, балет, ансамбль*). Интересно, что сегодня старые заимствования из французского языка переживают как бы своё второе рождение, активизируются под влиянием изменившихся общественных условий (ср. названия телепередач «Комильфо» или «Бомонд»).

Для современного русского языка характерен массовый приток английских слов, обозначающих новые предметы и явления нашей жизни (*маркетинг, менеджмент, брокер, дилер, киллер, хот-дог, фастфуд, мидл-класс, лизинг, ваучер, дистрибьютер* и мн. др.). Многие писатели и учёные считают, что количество англицизмов в языке современной прессы превышает условную норму, которая позволяет языку сохранять свою самобытность.

Вообще мера использования иноязычной лексики — одна из важнейших проблем культуры речи. Конечно, нельзя отказываться от важных заимствований из английского языка, особенно — от терминов рыночной экономики, которым нет соответствий в русском языке. Но и не стоит с русского переходить на «туземный английский», в котором родному слову вообще не остаётся места. Стремясь овладеть культурой речи, надо следить за собой и в отношении использования иноязычных слов, особенно англицизмов, не забывать о целительном действии великой русской литературы, всегда соблюдавшей меру в использовании иноязычных слов.

Залог — это грамматическая категория, которая выражает соотношение между действием, обозначенным глаголом, деятелем (субъектом), и предметом, на который направлено действие (объектом). Глагол употребляется в форме действительного залога, если он стоит в предложении, где субъект назван формой Им. п. существительного: *Инженер строит дом*. Но возможно иное строение предложения: *Дом строится инженером*. Здесь субъект (деятель) назван формой Тв. падежа — инженером, и глагол стоит в форме страдательного залога. Грамматическим показателем страдательного залога является аффикс **-ся**.

Предложения с глаголами в форме действительного и

страдательного залога, на первый взгляд, рисуют одну и ту же ситуацию: «Инженер строит дом» и «Дом строится инженером». Но различие в том, что во втором предложении делается акцент на самом действии и действие изображается как бы в отвлечении от его исполнителя.

Причастия имеют собственные морфологические средства выражения залоговых различий — суффиксы. Причастия действительного залога имеют суффиксы -ущ, -юш, -ащ, -ящ, -вш, -ш, а причастия страдательного залога имеют суффиксы -ем, -им, -енн, -нн, -т. Причастия действительного залога обозначают признак по действию того предмета, который сам осуществляет это действие (*читающий мальчик*), а причастия страдательного залога — признак по действию того предмета, который подвергается данному действию (*книга, читаемая мальчиком*). Формы страдательного залога образуются только от переходных глаголов (см. *Переходные глаголы*).

Звук — это минимальная единица языка, элемент произносимой речи, образуемый речевыми органами. При фонетическом членении речи звук — это часть слога, произнесённая за одну артикуляцию.

Звуки делятся на гласные и согласные. Гласные образуются, когда голосовые связки находятся в положении, дающем голос, тон. Гласные могут быть слогообразующими. Согласные звуки не могут быть слогообразующими. При образовании согласных участвует шум (звучание неопределённой высоты).

В русском языке шесть гласных звуков: [а], [о], [у], [э], [и], [ы]. Букв же для обозначения гласных звуков на письме больше — десять. Помимо приведённых, это еще и е, ё, ю, я, которые обозначают гласные звуки и мягкость предшествующего согласного.

Согласные звуки делятся на звонкие и глухие. Звонкие произносятся при участии шума и голоса, глухие — только шума. Согласные образуют пары по глухости—звонкости: [б]—[п], [в]—[ф], [г]—[к], [д]—[т], [ж]—[ш], [з]—[с]. Не образуют пар звонкие [л], [м], [н], [р], [й] и глухие [х], [ц], [ч], [щ].

Парные по глухости—звонкости в определённых позициях заменяют друг друга при произношении: в конце слова звонкие оглушаются (род — ро[т], рог — ро[к], гриб — гри[п]); перед глухим согласным звонкий оглушается (всегда — [ф]сегда, подход — по[т]хо[т]), перед звонким согласным глухой озвончается, меняется на парный звонкий в произношении (молотьба — моло[д']ба, косьба — ко[з']ба).

Согласные делятся на твёрдые и мягкие. Многие из них образуют пары по твёрдости—мягкости. Не образуют пар твёрдый [ц] и мягкие [ч] и [й]. В русском языке есть слова, которые различаются только твёрдостью—мягкостью одного звука: *мел — мель, нос — нёс.*

Знаки препинания являются необходимым графическим элементом русской речи. Их назначение — передавать смысловое и синтаксическое членение текста, а также основные особенности интонации предложения.

По своей роли все знаки препинания делятся на разделительные и выделительные. Многие разделительные знаки: точка, многоточие, вопросительный, восклицательный знаки — выполняют, кроме функции показателя конца предложения, еще и роль показателя целенаправленности содержания предложения и его эмоциональности (или неэмоциональности). Например, в предложении «*Не спрятаться ли нам?*» (Ч.) вопросительный знак передает не только вопросительный, но и невосклицательный характер высказывания и сигнализирует о конце предложения.

К выделительным знакам относятся парные по своей природе скобки и кавычки, а также парные по своему употреблению запятые, тире. Запятыми с двух сторон выделяются обращения, вводные слова и словосочетания; тире (как и скобками) выделяются вставные конструкции.

Употребление знаков препинания регулируется обязательными для каждого пишущего правилами.

Знаменательные части речи — это существительное, прилагательное, числительное, местоимение, глагол, наречие и слова категории состояния. Знаменательные части речи обладают лексическим значением (существительные обозначают предметы, глаголы — процесс, прилагательные — признак предмета и т. д.), из знаменательных частей речи строятся словосочетания и предложения. В предложении они являются членами предложения — подлежащими, сказуемыми, дополнениями, определениями или обстоятельствами. Так как знаменательные (самостоятельные) части речи имеют лексические значения и являются членами предложения, к ним всегда можно поставить вопрос: *кто? что? какой? что делает? куда? сколько?* и т. д.

Для знаменательных частей речи характерно наличие форм словоизменения. Так, существительные склоняются (изменяются по падежам и числам), глаголы спрягаются (изменяются по лицам и числам). Единственная неизменяемая часть речи — это наречие, но и у некоторых наречий есть одна форма словоизменения — форма степени сравнения: *красиво — красивее.*

Знаменательные (самостоятельные) части речи противопоставлены служебным (см. *Служебные части речи*) и междометию (см. *Междометие*).

И

Интонация как синтаксическое средство — это фонетическое качество предложения, которое служит для выражения его синтаксического значения и эмоциональной окраски.

Основным интонационным средством является изменение тональности высказывания. У каждого говорящего свой средний тон речи. Изменение тона ниже и выше среднего создаёт интонационный рисунок предложения. Разные типы предложений характеризуются своим интонационным рисунком и образуют разные интонационные конструкции (ИК).

ИК-1 — характеризует повествовательные предложения, которые произносятся с понижением тона ниже среднего, начиная со смыслового ударения: *Ира приехала из Москвы*.

Схема ИК-1: ⎯⎯ ＼ ⎯⎯

ИК-2 — характеризует вопросительные предложения с вопросительным словом, которые произносятся с понижением тона ниже среднего, уже после смыслового ударения: *Когда приедет Андрей?*

Схема ИК-2: ⎯⎯ ⁓ ⎯⎯

ИК-3 характеризует резкое повышение тона на смысловом ударении и резкое же понижение его после смыслового центра. Наиболее ярко такая интонация проявляется в вопросительных предложениях без вопросительного слова. Она единственное отличие таких предложений от повествовательных: *Маша уе́хала в Москву?*

Схема ИК-3:

ИК-4 отличается нисходяще-восходящим тоном смыслового ударения и после него — повышением тона: *А Ва́ша сестра?*

ИК-4 используется обычно в неполных вопросительных предложениях.

Схема ИК-4:

ИК-5 имеет два смысловых центра, первый из них характеризуется восходящим тоном, второй — нисходящим: *Како́й у нее го́лос!*

Схема ИК-5:

С такой интонацией обычно произносятся эмоциональные восклицательные предложения с местоименными словами.

Интонация членит речевой поток на отдельные отрезки, речевые такты и фразы. Наличие или отсутствие пауз может менять смысл предложения. Так, фразу «Дома улицы хорошо освещены» при наличии паузы между словами «дома» и «улицы» надо рассматривать как предложение с однородными подлежащими, что меняет смысл высказывания (на письме это выражается постановкой запятой): Дома, улицы хорошо освещены.

Инфинитив — начальная, исходная форма глагола. Она называет процесс абстрактно, то есть не связывает его со временем, в течение которого он длится, с теми, кто осуществляет процесс, и т. д. В этом смысле инфинитив приближается по значению к отглагольному существительному: *бег = бежать, чтение = читать.* Ср. формы: *бегу, читал* — они указывают не только на соответствующее действие, но и на время его совершения, на лицо, на число действующих лиц.

Инфинитив называют «глагольным номинативом». По морфологическим свойствам это неизменяемая форма глагола. Именно поэтому показатель инфинитива **-ть, -ти, -чь** (*делать, везти, печь*) следует считать не окончанием, а суффиксом. В предложении инфинитив, в отличие от других глагольных форм, может быть любым членом предложения, даже подлежащим и дополнением (что обычно свойственно существительным): <u>Курить</u> — здоровью вредить. Я попросил его <u>почитать</u>.

Исконно русская лексика — это слова, возникшие в русском языке или унаследованные им из более древнего языка-источника. Это основной пласт словарного материала современного русского языка: исконные слова составляют более 90% слов, употребляемых в настоящее время.

Среди исконно русской лексики различается несколько групп (по времени их появления в языке). Слова, вошедшие в древнерусский язык из когда-то существовавшего общеславянского, называются общеславянскими. Такие слова употребляются и сейчас во многих славянских языках. Таких слов, по мнению специалистов, немного — около двух тысяч, но они очень употребительны, составляют ядро нашего лексикона. К общеславянским словам относятся названия частей человеческого тела (*голова, лицо, нос*), слова, обозначающие родственные отношения (*мать, отец, сын, дочь, брат*), названия отрезков времени (*день, ночь, вечер, осень*), названия растений и животных (*берёза, верба, вяз, дуб, волк, ворона, гусь, ёж, заяц*), наименования орудий и предметов труда (*весло, вилы, долото, игла, грабли*), слова, обозначающие природные явления (*звезда, зной, ветер, вода, ил, камень, лёд, лес*). Большинство слов общеславянского фонда имеют непроизводную основу. По своему характеру это слова межстилевые, общеупотребительные, которые используются и в устном, и в книжном языке.

Другой пласт исконно русских слов — это так называемая восточнославянская лексика. Это слова, которые сохранились в русском языке как отражение языковой общности всех восточных славян — русских, украинцев и белорусов. Эти слова, как правило, не встречаются в южнославянских и западнославянских языках. Время появления этих слов — XIV—XV вв. К общевосточнославянским, но не общеславянским, относятся слова *снегопад, совсем, тут, горошина, племянник, белка, снегирь, тёмный, сегодня* и мн. другие.

И третий пласт исконных слов — это собственно русская лексика, которая появилась уже после того, как на базе восточнославянского языка сформировался язык великорусской народности (примерно с XIV в.).

К собственно русским словам относятся почти все существительные, образованные с помощью *-щик, -овщик, -льщик, -ша, -тельство* и др.: *каменщик, чистильщик,* *командирша, вмешательство;* все существительные, образованные от синтаксически равноправных существительных (типа *светотень*), сложные прилагательные (*дикорастущий, светло-голубой*), наречия типа *по-весеннему, по-летнему,* подавляющее большинство производных предлогов и союзов (например: **вследствие, насчёт, пока**).

Важно учесть, что под исконным словом понимается всякое слово, возникшее в русском языке или унаследованное от древнего языка-источника, независимо от того, из каких этимологических частей (из русских или иноязычных) оно состоит. Например, слово *ямщик* — исконно русское, хотя корень «ям» происходит из татарского языка. Слово *маникюрша* — исконно русское, оно образовано на русской почве, с помощью суффикса *-ш,* хотя слово *маникюр* — это французское заимствование.

Историзмы — разновидность устаревших слов, это названия исчезнувших предметов и явлений. Причины появления историзмов очевидны: они связаны с изменившимися условиями жизни людей. Среди историзмов много названий вышедших из употребления видов одежды: *салоп, бурнус, казакин, бекеша,* названий старинных немеханизированных средств передвижения: *ландо, кабриолет, дилижанс,* названий прежних административно-выборных органов типа *вече, земство.*

Историзмы — это единственные наименования соответствующих предметов, поэтому без историзмов невозможно обойтись при описании прошлого. Кроме того, в силу изменившихся общественных условий историзмы могут вновь активизироваться и переходить в лексику активного запаса. Ср. «второе рождение» слов типа «дума» (как орган государственной власти), «лосины» (в старой русской армии это часть воинской одежды, сейчас — модные женские колготки). Очевидно, к историзмам можно причислить и слова, которые совсем недавно составляли основной фонд, самую частотную лексику, типа «пятилетка» (в смысле «пятилетний план развития народного хозяйства»), ударник (ударник коммунистического труда, передовик производства), историческому прошлому принадлежат многие устойчивые выражения типа «доска почёта», «бригада коммунистического труда», «комсомольско-молодёжная стройка» и под. Лексика — наиболее подвижная, динамичная часть языка, она быстрее всего реагирует на перемены в обществе, выдвигая на первый план одни слова и отодвигая на периферию другие.

К

Каллиграфия — умение писать чётко, разборчиво, в соответствии с утверждёнными образцами, красиво. В школе каллиграфия преподавалась до 1969 г. (в начальных классах). Сейчас специальные уроки каллиграфии не проводятся, но каллиграфическая работа идет на каждом уроке русского языка в процессе выполнения учащимися письменных упражнений, особенно в младших классах.

При обучении каллиграфии существенное значение имеют: соблюдение строки, полей справа и слева, единообразие в написании букв, наклон букв (65°), начертание элементов букв и целых букв.

Пренебрежение правилами каллиграфии приводит к затруднению письменного общения, к формированию плохого, непонятного почерка.

Калька, калькирование — это особый вид заимствования. Калька в общем языке, как известно, — это прозрачная бумага, которая используется для снятия копий с рисунков и чертежей. Словом «калька» может называться и сама копия, снятая с помощью прозрачной бумаги. В языке также существуют копии иноязычных слов, называемые кальками. Это такой вид заимствования, при котором как бы копируется идея слова, т. е. иноязычное слово используется как образец. Так, образцом для русского слова «водопад» послужило немецкое слово, также состоящее из двух корней: вода и падать. Слово «предмет» — калька с латинского obietum (пред — копия, перевод латинской приставки ob, а «мет» — от «метать, бросать»), воспроизводит латинское iectum (iacio — бросаю). Подобного рода калек много среди грамматической терминологии: подлежащее, сказуемое, междометие, местоимение — это копии древнегреческих грамматических терминов.

Калькироваться могут не только отдельные слова, но и целые выражения или сочетания слов. Борьба за существование — калька с английского struggle for life.

Часто калькирование не ограничивается рамками двух языков. Особенно это касается слов, восходящих к латинскому и греческому языкам.

У многих калек есть конкретные авторы. Так, в выработке отечественной научной терминологии большая роль принадлежит М. В. Ломоносову, который ввел в обиход такие кальки, как *водород, движение, явление, предмет, кислота, опыт* и т. п.

Канцеляризм — слово, оборот, обычно используемый в официально-деловом общении, в официальных документах. Использование канцеляризмов вне этой сферы представляет собой речевую (стилистическую) ошибку. Проникая в другие стили — в художественный, публицистический, разговорный (см. *Стиль функциональный*), канцеляризмы нарушают стилистические нормы. Например, К. И. Чуковский в книге «Живой как жизнь» приводит пример такого употребления канцелярского оборота: «Взрослый человек спрашивает у четырехлетней девочки: «Девочка, ты по какому вопросу плачешь?».

Важно помнить, что вне сферы использования официально-делового стиля лучше употреблять нейтральные синонимы к соответствующим канцеляризмам. Например, вместо канцеляризмов «ходатайство», «именуемый», «в истекшем году», «поставить в известность», «наложить штраф», «объявить благодарность», «принять административные меры» надо сказать «просьба», «называемый», «в прошедшем году», «сообщить» или «сказать», «оштрафовать», «поблагодарить», «наказать».

Коммуникация (лат. communicatio от communico — делаю общим, связываю, общаюсь) — общение, обмен мыслями, идеями, сведениями. Коммуникация — это форма взаимодействия людей. Главное средство коммуникации — язык. Коммуникация — социальный процесс, который служит формированию общества в целом; это также и важнейший механизм становления человека как социальной личности.

Корень — это общая часть родственных слов, в которой выражается и общность их значения: ход, вы<u>ход</u>, за<u>ход</u>, по<u>хо</u>дка, <u>ходок</u>, <u>ходя</u>чий, про<u>хо</u>дить. В корне возможны чередования гласных или согласных звуков; согласные могут чередоваться с сочетаниями согласных «б-бл, п-пл, м-мл»: <u>руб</u>ить — <u>рубл</u>ю, <u>коп</u>ить — <u>копл</u>ю, зало<u>м</u>ить — зало<u>мл</u>ю.

Некоторые корни в настоящее время не могут употребляться без приставок и суффиксов и называются связанными: о<u>деть</u>, раз<u>деть</u>, на<u>деть</u>, под<u>деть</u>, об<u>уть</u>, раз<u>уть</u>, с<u>нять</u>, об<u>нять</u>, у<u>нять</u>, раз<u>нять</u>, при<u>нять</u>, под<u>нять</u>, за<u>нять</u>.

Слова с одним и тем же корнем называются однокоренными. Однокоренные слова могут относиться к одной или разным частям речи: «вода — водник, подводник — водоем» и «вода — водяной — приводниться». Следует различать одинаково звучащие, но разные по значению корни («во<u>да</u> — <u>водя</u>ной» и «<u>вод</u>ить — при<u>вод</u>ить»).

В слове может быть не один, а два корня (*водовоз, водопад*), чтобы найти корень слова, надо подобрать однокоренные (родственные) слова.

Так, в словах «<u>добр</u>ый, <u>добр</u>як, <u>добр</u>одетель, <u>добр</u>ота, <u>добр</u>енький», общая часть слова — корень «добр».

Косвенная речь — особая синтаксическая конструкция, которая служит для передачи чужой речи и которая оформлена как изъяснительное сложноподчиненное предложение. Главная часть передает речь автора, придаточная — чужую речь. Речь автора выполняет роль ввода чужой речи. Косвенная и прямая речь соотносительны.

При переводе прямой речи в косвенную обычно опускаются эмоциональные элементы (междометия, частицы, обращения и т. п.). Изменяются формы лица местоимений и глагола, так как повествование в косвенной речи ведется от третьего лица: *Мальчик сказал, что он живет совсем недалеко.* Ср.: *Мальчик сказал: «Я живу совсем недалеко».*

Формы изъяснительного придаточного меняются в зависимости от целенаправленности чужой речи. Если чужая речь — повествование, то употребляются союзы, **что, как**: *«Все говорят, что детское горе непродолжительно…»* (В. Белов). Если чужая речь — побуждение, то в придаточном используется союз **чтобы**: *«Мама приказала, чтобы ко мне сюда не ходили»* (Короленко).

Если чужая речь содержит вопрос или результат поиска ответа на вопрос, то налицо в придаточном вопросительно-относительное союзное слово: *«Я спросил ямщика, почему он не едет»* (П.).

Краткая форма (прилагательного, причастия) — это форма, которая образуется от качественного прилагательного и от страдательного причастия прошедшего и реже — настоящего времени с помощью специальных окончаний.

Качественные прилагательные имеют две формы: полную и краткую. Краткие прилагательные образуются путем прибавления к основе следующих родовых окончаний в единственном числе:

а) в мужском роде — нулевого окончания: *красив, стар, дорог*;

б) в женском роде — окончаний **-а, -я**: *красива, стара, дорога*;

в) в среднем роде — окончаний **-о, -е**: *красиво, старо, дорого*.

Множественное число краткая форма образует при помощи окончаний **-и, -ы**: *красивы, стары, дороги*.

Не имеют краткой формы прилагательные на **-лый** типа *усталый*. Краткая форма от таких прилагательных совпала бы с глаголом прошедшего времени. Прилагательное *большой* образует краткую форму от другой основы: *велик, -а, -о, -и*. Ср. *большое внимание — внимание велико*.

Краткие прилагательные в предложении могут быть только сказуемыми.

Краткие формы причастий имеют те же характеристики, что и краткие прилагательные. Они не изменяются по падежам, но изменяются по числам и в единственном числе — по родам; краткие формы причастия выступают в предложении только в роли сказуемого: *прочитанная студентом книга* — книга **прочитана** студентом.

В краткой форме прилагательного сохраняется столько **-н**, сколько было в полной: *ценное изобретение — изобретение ценно, ветреный человек — она ветрена*. В краткой форме причастия всегда пишется одно -н: *Книга, напи-санная мастером,* но *Книга написана мастером.*

Крылатые слова — устойчивые, афористические, обыч-но образные выражения, вошедшие в общее употребле-ние из литературного или фольклорного источника. Ин-дивидуально-авторское происхождение крылатых слов отчётливо осознаётся: «Счастливые часов не наблюдают» (А. С. Грибоедов), «Молчалины блаженствуют на свете» (А. С. Грибоедов), «А воз и ныне там!» (И. С. Крылов), «Да здравствует солнце, да скроется тьма!» (А. С. Пуш-кин), «Любви все возрасты покорны» (А. С. Пушкин), «Человек — это звучит гордо!» (М. Горький). Крылатые слова устойчивы и воспроизводимы, что сближает их с фразеологизмами. Но, в отличие от фразеологизмов, они часто используются в переносном и расширенном значе-ниях. Так, выражение «А воз и ныне там» применяется во многих ситуациях, когда речь идёт об отсутствии резуль-татов, движения вперёд, прогресса, несмотря на видимые усилия. Крылатые слова усиливают выразительность тек-ста.

Культура речи — это совокупность навыков и знаний че-ловека, которые обеспечивают все виды коммуникации, а также раздел науки о языке, который изучает свойства коммуникативно совершенной речи.

Учение о культуре речи, или речевой культуре, имеет длительную историю. Издавна ее рассматривали как часть общей культуры человека. Культура речи не может быть сведена к одной только правильности; правильность — это первая, низшая ступень. Речь культурного человека долж-на быть еще и логичной, точной, уместной для данной сферы общения, выразительной. Если элементарные правила (нормы), регулирующие написание и произношение слов, человек изучает в средней школе, то над совершенствованием своей речи нужно работать всю жизнь.

Центральное понятие, исследуемое культурой речи как разделом науки о языке, — это понятие нормы (см. *Норма*).

О владении культурой речи можно говорить только в том случае, когда говорящий умеет правильно отобрать языковые средства для адекватного выражения своих мыслей, когда речь доступна для тех, кому она адресована, когда речь не засорена нелитературными элементами — просторечными словами, жаргонными выражениями, диалектизмами и узкопрофессиональными элементами. Культурной можно назвать речь, которая опирается на все богатство русского языка, в которой используются разнообразные грамматические конструкции и особые средства, создающие красоту и выразительность.

Овладеть культурой речи невозможно без упорного, кропотливого труда, который включает внимательное чтение образцовой литературы на данном языке, постоянное обращение к словарям различных типов, прежде всего — к толковым; необходима также длительная практика — выполнение творческих письменных работ, опыт публичных выступлений и т. п.

Л

Лексико-грамматические разряды — это группировки внутри части речи, которые объединяют слова по сходству в лексическом значении и в грамматических признаках.

Лексико-грамматические разряды существительных

1. Имена собственные и нарицательные

По лексическому значению имена собственные отличаются от нарицательных тем, что они обозначают единичные, иногда уникальные, предметы, тогда как нарицательные существительные — это названия классов однородных предметов. Нарицательные имена — это названия людей, животных, растений, вещей, событий и т. п.: *ученик, кот, ель, книга, война* и т. д. Имена собственные — это названия географических объектов, имена и фамилии людей, клички животных, названия книг, журналов, газет: *Луна, Индия, Волга, Москва, Иван, Петров, «Кортик», «Огонёк», «Правда»* и т. д. Имена собственные могут состоять как из одного слова, так и из нескольких слов. В предложении такие сочетания слов выступают как один член предложения.

Особенности лексического значения собственных и нарицательных имён находят отражение в орфографии:

имена собственные, как индивидуальные, уникальные названия, пишутся с большой буквы, а нарицательные, как названия однородных предметов, — с маленькой буквы.

Лексическим значением определяются и грамматические свойства собственных и нарицательных имён: имена собственные, как правило, употребляются только в единственном числе — *Москва, Нью-Йорк, Дон, Кавказ, Солнце* и т. п. Так как имена и фамилии людей могут повторяться, то возможны формы множественного числа от таких имён собственных, но при этом по значению форма единственного числа и форма множественного числа могут различаться. Ивановы — это может быть общим названием членов одной семьи. Или ср.: «*Молчалины блаженствуют на свете*» (Гр.). Здесь форма «Молчалины» означает: Молчалин (персонаж комедии «Горе от ума») и другие, сходные с ним по моральным качествам люди.

Многие имена нарицательные сочетаются с количественными числительными (5 столов, домов, учениц), а для имён собственных такая сочетаемость нетипична.

Таким образом, имена собственные отличаются от имён нарицательных по лексическому значению (уникальность — типичность), по морфологическим свойствам (формы множественного числа) и по синтаксическим свойствам (сочетаемость с количественными числительными).

2. Одушевлённые — неодушевлённые существительные

Само название этих лексико-грамматических разрядов подсказывает, что по лексическому значению они различаются таким образом: одушевлённые называют живые существа, а неодушевлённые — предметы неживой природы. Действительно, к одушевлённым существительным относятся названия людей и животных — *ученик, девочка, лиса, волк*. Но вот названия растений (а они с точки зрения биологии живые организмы) — это в грамматике неодушевлённые существительные (что? *берёза, клён, рябина*). Поэтому различие между одушевлёнными и неодушевлёнными существительными можно сформулировать так: одушевлённые обозначают предметы, способные к осмысленному, целенаправленному передвижению, а все остальные существительные относятся к неодушевлённым.

Грамматические различия между одушевлёнными и неодушевлёнными существительными проявляются в формах В. п. мн. числа (а для существительных мужского рода — и в ед. числе.). У одушевлённых существительных В. п. мн. числа совпадает с Р. п. мн. числа, а у неодушевлённых — с И. п. мн. числа. Так, слова *пень* и *конь* относятся к одному роду и к одному типу склонения и, если бы не было различия одушевлённых и неодушевлённых существительных, должны были бы иметь одинаковые окончания во всех падежах. Но ср.: *Вижу* что? *пень*, но *вижу* кого? *коня*.

3. Конкретные и отвлечённые (абстрактные) существительные.

Конкретные существительные обозначают реальные предметы, доступные нашим органам чувств: *книга, дом, школа, человек*. Отвлечённые существительные называют качества, свойства, действия — *белизна, красота, храбрость, бег, борьба, чтение*.

Конкретные существительные имеют формы ед. и мн. числа и сочетаются с количественными числительными: *стол — столы, пять столов*. Это связано с тем, что в реальной действительности предметы, обозначаемые конкретными существительными, могут быть представлены одним экземпляром и многими.

Отвлечённые существительные часто не имеют форм

множественного числа и не сочетаются с количественными числительными. Так, слова *любовь, лень, смелость, борьба, белизна* не имеют множественного числа, неупотребительны и сочетания их с количественными числительными. В то же время некоторые отвлечённые существительные имеют такие же обычные формы множественного числа, как и конкретные существительные: *радости, прыжки, сомнения, снегопады, встречи* и т. п.

4. Вещественные существительные

Вещественные существительные обозначают однородную массу вещества, которую можно подвергнуть измерению, делению, но не счёту. Например: *медь, олово, железо, сметана, сливки, дрожжи, чернила, масло, спирт.*

Вещественные существительные употребляются либо только в единственном, либо только во множественном числе. Ср. *сметана* — ед. ч., мн. числа нет, а у близкого по значению существительного *сливки* — наоборот, есть только мн. число.

Если от форм единственного числа вещественных существительных всё-таки образуется множественное число, то слово при этом приобретает дополнительные значения. Например, *масло* — ед. ч.; *масла́* — мн. ч. — это разные сорта ма́сла. То же *вино́* — *вина* (разные сорта вина). Формы *во́ды, снега́, пески́* обозначают большие пространства, занятые водой, снегом, песком.

Вещественные существительные не сочетаются с количественными числительными, но сочетаются с дробными: две трети масла, одна треть сметаны; вещественные существительные часто сочетаются со словами, обозначающими меру, вес: стакан сметаны, молока, мешок сахара, муки, бутылка воды, сока, килограмм масла, дрожжей и т. п.

5. Собирательные существительные

Собирательные существительные обозначают совокупность лиц или предметов как нечто целое, как единство: *молодёжь, студенчество, березняк, бельё, агентура, электорат.*

Морфологическая особенность собирательных существительных состоит в том, что у них нет форм множественного числа (ср. *профессура, детвора, листва, крестьянство, буржуазия* — только ед. число). По лексическому значению к собирательным именам близки слова *толпа, стадо, стая, отряд, полк, табун,* но эти слова имеют формы множественного числа — *толпы, стада, стаи, отряды* и т. д., поэтому к собирательным существительным в строгом смысле слова они не относятся.

Собирательные существительные употребляются с прилагательными и глаголами только в единственном числе, не сочетаются с количественными числительными, но иногда сочетаются с дробными — *две трети студенчества.*

Выделяются и лексико-грамматические разряды прилагательных: качественные, относительные и притяжательные.

Качественные прилагательные называют именно качества, свойства предметов, причем в реальной действительности эти качества могут проявляться в большей или меньшей степени.

Относительные прилагательные называют признак предмета через отношение к другому предмету. Например, *книжный шкаф.* Шкаф охарактеризован через отношение к другому предмету — к книгам. В корне относительного прилагательного — всегда название предмета, а корень качественного прилагательного связан со значением именно признака. Ср. *деревянный стол* (дерево), *руч-*

ная работа (руки), *школьная парта* (школа) и *красивая девушка, желтый цветок, большая комната*.

Притяжательные прилагательные обозначают принадлежность лицу или животному: *лисья нора, папин портфель, дядина книга*. Притяжательные прилагательные можно считать подвидом относительных, потому что принадлежность — один из типов отношений, эти прилагательные называют признак по его принадлежности человеку или животному. В отличие от остальных прилагательных, они отвечают не на вопрос **какой?**, а на вопрос **чей?**

Эти разряды прилагательных отличаются друг от друга и своими морфологическими свойствами. Качественные прилагательные имеют степени сравнения и краткую форму, а относительные и притяжательные не имеют (см. *Краткая форма, Степени сравнения прилагательных*).

Лексикография — 1. Раздел языкознания, разрабатывающий теоретические основы составления словарей. 2. Совокупность словарей общего или специального типа. Слово «лексикография» происходит от двух греческих корней: lexis — слово и grapho — пишу. Лексикография — прикладная наука (т. е. имеющая практическое назначение и применение). Нельзя составлять словари, если не понимать особенностей слов — их значения и употребления в речи. Слова изучаются лексикологией. Поэтому лексикография тесно связана с лексикологией.

Создание нормативных словарей — важное научное и просветительское дело. Без словарей невозможно приобщиться к языковому богатству, овладеть нормами литературного языка.

Различают несколько типов словарей. Самый распространенный тип лингвистического словаря — это толковый словарь (см. *Толковый словарь*). Орфоэпические словари фиксируют произносительные нормы литературного языка. Так, в «Орфоэпическом словаре русского языка» Р. И. Аванесова есть пометы, указывающие, что, например, в слове «конечно» на месте *чн* [чн] произносится [шн], а в слове кофе «ф» смягчается перед «е», нельзя произносить [кóфэ], но правильно — кафé [кафэ].

Есть словари, фиксирующие системные связи в лексике, — словари синонимов, омонимов, антонимов, паронимов. В специальных словарях трудностей обращается внимание на трудные случаи образования и употребления грамматических форм слов (см., например, Д. Э. Розенталь, М. А. Теленкова «Словарь трудностей русского языка». М.: Рус. язык, 1976; «Трудности словоупотребления и варианты норм русского литературного языка». Словарь-справочник под ред. К. С. Горбачевича. Л.: Наука, 1973).

Лексикология — раздел науки о языке, изучающий словарный состав. Предмет лексикологии — это слова с точки зрения их лексического значения, их места в общей системе (т.е. с точки зрения различных связей, в которые слово вступает в языке, — синонимических, антонимических и др.). Слова различаются не только своими значениями, но и сферой употребления. Одни пригодны в разговорной речи, другие — только в книжных стилях. И эти различия слов также изучает лексикология. Слова в языке неодинаковы по активности употребления: одни частотны, известны всем носителям русского языка, другие являются принадлежностью речи специалистов в какой-то отрасли знания; слова могут редко употребляться и потому, что они устарели, устаревают или же совсем недавно вошли в язык. И эти особенности лексики также изучает лексикология.

Лексикология тесно связана с другими разделами науки о языке, потому что лексическое значение слова часто определяет особенности грамматического поведения слова — его морфологические свойства и особенности сочетаемости. Например, существительные, обозначающие совокупность лиц или предметов как неделимое целое (собирательные существительные, см. *Лексико-грамматические разряды*), не имеют форм множественного числа: студенчество, молодёжь, детвора. А слово «карий» проявляет своё лексическое значение только в очень ограниченной сочетаемости: можно сказать «карие глаза», но нельзя соединить это слово с существительными «тетрадь» или «сумка», хотя прилагательное «карий» и синонимично слову «коричневый». Значит, лексические значения слов (составляющие объект лексикологии) невозможно изучать без обращения к морфологии — учению о грамматических формах и синтаксису — науке о словосочетаниях и предложениях.

Литературный язык — высшая форма национального языка. Это такая форма общенародного языка, которая понимается говорящими и слушающими как образцовая. М. Горький в статье «О том, как я учился писать» говорил: «Деление языка на литературный и народный значит только то, что мы имеем, так сказать, «сырой язык» и обработанный мастерами». Литературный язык представляет собой общенародные языковые средства, прошедшие культурную обработку; в нем сосредоточены оптимальные способы выражения идей, мыслей и эмоций.

При определении литературного языка большинством языковедов подчеркивается такая черта литературного языка, как нормированность. Ср., например, определение Р. И. Будагова: «Литературный язык — это обработанная форма общенародного языка, обладающая в большей или меньшей степени письменно закрепленными нормами» (см. *Норма*).

Кроме наличия образцовых норм, для литературного языка характерны следующие признаки: 1. Письменная фиксация (не может быть бесписьменных литературных языков, ибо лишь благодаря закреплению на письме норма перестает зависеть от отдельных говорящих и может быть передана грядущим поколениям в неизменном виде). 2. Разветвленная функционально-стилистическая система. Стилистическая система языка строится так, что слова образуют группы по какому-либо сопровождающему их оттенку: либо это возвышенные, либо обыденные, либо официальные, либо просторечные слова и т. п. Всякое употребление слова в ином контексте, чем тот, который определяется оттенком этой группы, может быть неуместен. Ср. замечание акад. Л. В. Щербы: «Если кто-то в серьезной книге напишет: фагоциты уплетают микробов — это будет глупо и неуместно, так как соединяются слова научного стиля с грубым просторечным «уплетают». Такое употребление нарушает стилистическую систему языка». Язык с разрушенной стилистической структурой, по мысли Л. В. Щербы, можно сравнить с расстроенным музыкальным инструментом, с той разницей, что инструмент можно настроить, а стилистическая система языка создается веками. 3. Далее — для литературного языка характерна приспособленность для хранения всей суммы знаний, накопленных человечеством, и приспособленность для осуществления отвлеченного логического мышления.

Следует различать термины «литературный язык» и «язык художественной литературы». Это понятия близкие, но не тождественные. Термин «литературный язык» несколько условен: ведь он указывает не только на язык письменности, но и на общепринятый у образованных людей язык устного общения. Язык художественной литературы — очень важная, но всё же лишь составная часть литературного языка, обслуживающего различные сферы деятельности общества. Поэтому понятие «литературный язык» шире понятия «язык художественной литературы». Но в то же время литературный язык не включает всего того, что есть в художественной литературе (вспомним, например, диалектизмы в языке произведений М. А. Шолохова). Поэтому одновременно можно говорить и о том, что понятие «язык художественной литературы» шире, чем понятие «литературный язык».

В качестве высшей формы национального языка литературный язык противопоставляется диалектам, просторечию, жаргонам.

Диалекты — народные говоры с их особой лексикой, фонетикой, грамматическим строем, которые ограничены в своём употреблении территориально. Диалекты (говоры) группируются в три основных наречия: северновеликорусские (архангельские, олонецкие, вятские), южновеликорусские (курские, тульские, воронежские, рязанские) и средневеликорусские (Подмосковье, Владимирская обл.).

Просторечие — это языковые средства (слова, грамматические формы и т. д.), употребляемые преимущественно в устной речи для грубоватого сниженного изображения предмета мысли. В отличие от диалектов просторечие не связано с какой-то определённой территорией. Просторечие свойственно или недостаточно культурным людям, или тем, кто не следит за своей речью.

Жаргон — это речь какой-то общественной прослойки людей, группы, объединённой общими интересами, родом деятельности, профессией и т. п. Есть слова, характерные, например, для речи студентов (*хвост, автомат*).

Лицо — грамматическая категория глагола, которая выражает соотношение действия, обозначенного глаголом, производителя действия и говорящего.

В настоящем и будущем времени глаголы изменяются по лицам. Лицо глагола указывает на субъект действия: глаголы первого лица указывают, что субъект действия — это сам говорящий (*читаю*), второе лицо указывает на то, что субъект действия — это собеседник говорящего (*читаешь*), и третье лицо указывает на кого-то, не участвующего в диалоге (*читает*).

Однако есть глаголы, для которых несвойственно изменение по лицам, и связано это с особенностями лексического значения этих глаголов. Такие глаголы называют действия, которые протекают сами по себе, без активного производителя (субъекта). Эти глаголы называются безличными. Безличные глаголы выражают: а) явления природы (*морозит, вечереет*); б) физические или психические состояния человека (*лихорадит, знобит, нездоровится*); в) действия неизвестной силы (*Везёт тебе сегодня!*).

Безличные глаголы в предложении всегда бывают сказуемыми, при них нет и не может быть подлежащего (*Смеркалось. Уже вечереет.*). Безличные глаголы не изменяются ни по лицам, ни по числам; в настоящем и будущем времени они употребляются только в форме 3-го лица ед. ч.: *Светает*. В прошедшем времени — в форме ед. числа ср. рода: *Светало*.

Часто безличные глаголы образуются от личных с помощью частицы **-ся**: *Я не хочу есть — мне не хочется есть*. Безличный глагол показывает, что процесс происходит помимо воли, сам собой.

М

Междометие — особая часть речи в русском языке.

Междометия не относятся ни к знаменательным, ни к служебным словам. Это специальные слова, которые служат для выражения чувств, ощущений, душевного состояния и различных реакций на окружающую действительность. Междометия именно выражают чувства, но не называют их. Поэтому одно и то же междометие может быть связано с самыми разными чувствами. Так, междометие «ах!» может выражать и удивление, и сожаление, и восторг, и упрёк, и досаду.

По ряду признаков к междометиям близки звукоподражательные слова, передающие крики животных и птиц, а также звуки неживой природы (*мяу-мяу, тик-так, хихи, дзинь-дзинь* и под.).

По составу междометия делятся на первообразные (они не имеют в современном языке связей со знаменательными частями речи) и непервообразные (они соотносительны со словами знаменательных частей речи). К первообразным относятся междометия типа *ау, ах, брр, брысь, ой, ох, тьфу, увы, ух, фу, эй, эх, эхм.* К непервообразным — *боже, батюшки, господи* (связаны с существительными), *здравствуй, извините, пожалуйста, помилуйте, хватит* (связаны с глаголами).

Хотя часто междометие выражает разные значения в

разных текстах, всё-таки можно выделить следующие разряды междометий по значению:

1. Междометия, выражающие радость, веселье, восторг, одобрение: *Ура! Браво!*
2. Междометия, передающие тоску, горе, сожаление, печаль: *Увы! Эх!*
3. Междометия, являющиеся этикетными формами: *Здравствуйте! Пожалуйста! Спасибо! Извините!*
4. Междометия, выражающие побуждение к какому-либо действию: *Алло! Эй! Ау! Айда! Цыц! Караул!*

Местоимение — это самостоятельная часть речи, которая указывает на предметы или признаки, но не называет их. Наряду с функцией указания, местоимение как часть речи выполняет другую важную роль: оно служит для замещения имён — существительных, прилагательных, числительных. Так, местоимением «он» можно заменить любое существительное мужского рода, а местоимение «это» может указывать даже на целое предложение или отрывок из текста. Именно поэтому местоимения очень часто встречаются в текстах, хотя количество слов, относящихся к местоимениям, невелико.

Местоимения так же, как и другие части речи, делятся на разряды.

1) Личные местоимения: *я, ты, вы, он, она, оно, они.* Уже в названии разряда отражено главное в значении этих слов: они указывают на лицо, людей, участвующих в диалоге. Местоимения «я» и «мы» указывает на говорящих, «ты», «вы» — на собеседников говорящих, а местоимения «он», «она», «оно», «они» — на тех, о ком говорится (а также на предметы, о которых идёт речь).

Личные местоимения изменяются по лицам: 1-е лицо — *я, мы,* 2-е лицо — *ты, вы,* 3-е лицо — *он, она, оно, они.* Им свойственно также изменение по числам: *я, ты, он, она, оно* — местоимения единственного числа, указывающие на одного человека или предмет, а местоимения *мы, вы, они* — множественного числа, которые, как правило, указывают на многих людей или на многие предметы (однако местоимение «вы» может быть формой вежливого обращения к одному собеседнику, вежливого упоминания о нём, а местоимение «мы» употребляется вместо местоимения «я» в научных трудах как знак авторской скромности). В третьем лице местоимения изменяются (в единственном числе) по родам: м. р. — *он*, ж. р. — *она*, ср. р. — *оно.*

В предложении личные местоимения, как и существительные, вместо которых они употребляются, могут быть всеми членами предложения, но чаще всего — подлежащими и дополнениями.

2) Возвратное местоимение

В русском языке одно возвратное местоимение — *себя.* Возвратное местоимение указывает на отношение к действующему лицу, то есть указывает на производителя действия: *Мальчик облил себя водой.* Возвратное местоимение, изменяясь по падежам, не имеет формы Им. падежа (в этой форме — в Им. падеже — в предложении стоит название деятеля — мальчик, а указание на деятеля — возвратное местоимение — принимает форму Род. падежа).

3) Вопросительные местоимения: *кто? что? какой? который? чей? сколько?* — служат для образования вопросительных предложений. Местоимения *кто?* и *что?* имеют отношение к грамматическим значениям одушевлённости—неодушевлённости: местоимение *кто?* употребляется в вопросах об одушевлённых предметах, местоимение *что?* указывает на нео-

душевлённость: *Кто приедет к нам? Что нам привезут?*

Местоимения *кто?* и *что?* не изменяются по числам, а в предложении соотносятся только с единственным числом глагола-сказуемого: *Кто поедет в город? Что у вас произошло?*

Местоимение *кто?* согласуется с глаголом-сказуемым в мужском роде, а местоимение *что?* — в среднем: *Кто был в театре? Что там упало?*

Местоимения *какой? который? чей?* по морфологическим свойствам похожи на прилагательные: они изменяются по падежам, числам, в единственном числе — по родам.

4) Относительные местоимения — это те же вопросительные, но употреблённые не в вопросительных предложениях, а в сложноподчинённых — в роли связующего элемента, союзного слова: *Я знаю, кто к нам придёт. Я покажу, что нужно сделать. Я увидел девушку, которая сидела у окна.* Относительные местоимения в роли союзных слов сохраняют все признаки знаменательных частей речи: они изменяются по падежам и (кроме местоимений *кто, что, сколько*) по числам, а в единственном числе — по родам; они являются членами придаточных предложений (в отличие от союзов, которые членами предложения не являются).

5) Определительные местоимения: *сам, самый, весь, всякий, каждый, иной, другой, любой* — отличаются друг от друга и по значению, и по морфологическим свойствам. Местоимение «сам» имеет значение «самостоятельно, без чьей-либо помощи»: *Он сам выполнил задание.* Это местоимение чаще всего употребляется с существительными, обозначающими одушевлённые предметы, или с личными местоиме-

ниями; оно изменяется по числам, а в единственном числе — по родам.

Местоимение «самый» обычно употребляется для уточнения при указательных местоимениях: *В это самое время в дверь постучали.* Может употребляться и с существительными, при этом имеет значение «именно, как раз»: *В самый разгар игры начался дождь.*

Местоимение «весь» имеет собирательное значение и указывает на совокупность явлений или на полноту охвата чего-либо: *Я работал весь день.* Местоимения «всякий, каждый, любой» указывают на один предмет, взятый из многих. Все определительные местоимения изменяются, как прилагательные, при том, однако, что у некоторых из них редко употребляется множественное число. Например, можно сказать: *Он пьёт каждый день,* но нельзя: *Он пьёт каждые дни.*

6) Притяжательные местоимения: *мой, твой, наш, ваш, свой* — соотносятся с личным и возвратным местоимением. «Мой» — указывает на принадлежность первому лицу, «твой» — второму, местоимение «свой» — на принадлежность ко всем трём лицам. К притяжательным местоимениям следует отнести и слова «его», «её», «их», выполняющие функцию определения и отвечающие на вопрос: *чьи? Его книга, её тетрадь, их дом.* Эти три притяжательных местоимения являются неизменяемыми словами, их не следует путать с падежными формами личных местоимений: *Я увидел его* (его — В. п. ед. ч. местоимения «он»); *Я увидел его дом* (его — притяжательное местоимение, неизменяемое слово). Остальные притяжательные местоимения изменяются так же, как и прилагательные.

7) Указательные местоимения: *этот, тот, такой, таков, столько* — имеют общее значение указания на какой-то один предмет из числа однородных. При

этом местоимение «этот» указывает на близкий предмет, а «тот» — на более отдалённый. Местоимения «этот», «тот», «такой» изменяются так же, как прилагательные, а местоимение «таков» — как краткая форма прилагательного, то есть не изменяется по падежам, но изменяется по числам, а в единственном числе — по родам: *такова истинная причина, таков истинный смысл происходящего*.

Помимо названных, к указательным местоимениям относятся ещё несколько устаревших слов, которые употребляются в произведениях писателей XIX в.: *сей, оный, экий, эдакий*.

8) Отрицательные местоимения: *никто, ничто, никакой, ничей, некого, нечего* — имеют общее значение отрицания. Они образованы от вопросительно-относительных местоимений с помощью отрицательных частиц **не** и **ни**. Морфологические особенности этих слов сходны с морфологическими свойствами соответствующих вопросительно-относительных местоимений.

9) Неопределённые местоимения: *некто, нечто, некий, некоторый, кто-то, что-то, какой-то, кто-либо, какой-нибудь* и др. — имеют значение приблизительного указания на предмет или признак. Эти местоимения образуются также от относительно-вопросительных с помощью частиц **-то, -либо, -нибудь, -кое**, а также частицы **не**, которая превращается в приставку. Морфологические особенности сходны с морфологическими свойствами тех слов, от которых образованы неопределённые местоимения. Местоимение «некто» может употребляться только в форме Им. п., а местоимение «нечто» — в формах Им. п.-В. п. Не следует думать, что слова «некого», «нечего» — это падежные формы от местоимений «некто», «нечто». Дело в том, что слова «некто», «нечто» имеют значения неопределённости, а «некого», «нечего» —

отрицательный смысл: *Пришел некто = Пришёл кто-то;* но: *Некого оставить дома.*

Метафора — см. *Многозначность.*

Метонимия — см. *Многозначность.*

Многозначность — это наличие у одного и того же слова нескольких связанных между собой значений. Обычно эти значения возникают в результате развития, переосмысления первоначального, главного значения. Например, все значения слова «гнездо» производны от исходного: гнездо — у птиц, насекомых и некоторых других животных место жилья, кладки яиц и выведения детёнышей. Остальные значения — выводок животных, углубление, в которое что-либо вставляется, укрытое место для чего-либо — это результат переосмысления первичного, исходного значения.

Многозначность складывается разными способами. Новое значение может образоваться путём переноса наименования по сходству (*золотое кольцо — золотая осень*). Такой тип переноса наименования называется **метафорой**. Метафору называют также «скрытым сравнением». Но в отличие от обычного сравнения, где приводится и то, что сравнивается, и то, с чем сравнивается, метафора содержит только второе. Поэтому возникает образность употребления слов (ср. есенинскую метафору «Золото волос твоих овсяных» и обычное сравнение «волосы как золото»).

Перенос наименования может быть основан на смежности, т.е. на соответствии, соположенности, соприкасании предметов во времени или пространстве. Например, когда мы говорим «Чайник закипел», то имеем в виду, что закипела вода в чайнике. Значит, слово «чайник» употреблено вместо слова «вода». Этот перенос наименования возможен потому, что между предметами (чайник и вода) есть определённая связь — соотношения вместилища и его содержимого. Такой тип переноса наименования называется **метонимией**. Ср. также: «*Читал охотно Апулея, а Цицерона не читал*» (А. С. Пушкин), «*Не то на серебре, на золоте едал*» (А. С. Грибоедов). В первом случае перенос наименования возможен потому, что есть связь между автором и его произведением, а во втором — между предметом и материалом, из которого он сделан.

Модальные слова — это слова, утратившие своё конкретное лексическое значение и выступающие только как средство выражения точки зрения говорящего на объективную действительность. Их считают либо особой частью речи (акад. В. В. Виноградов), либо (чаще) лексико-грамматическим разрядом слов (Д. Э. Розенталь и мн. др.).

Морфологически модальные слова разнородны и соотносятся с разными частями речи: с существительными (*факт, право, правда*), с прилагательными (*бесспорно, действительно, очевидно*), с глаголами (*разумеется, пожалуй, кажется*). Так происходит оттого, что многие модальные слова образованы от соответствующих частей речи.

Модальные слова выражают логическую оценку высказывания, реальность или нереальность сообщаемого (*конечно, разумеется, кажется, вероятно, наверное, видимо*). Модальные слова лишены номинативной функции и не являются членом предложения, грамматически модальные слова никак не связаны с другими словами в предложении. Синтаксические функции модальных слов таковы: 1. Они используются в качестве вводных слов. *«Вера эта, может быть, наивна и несправедлива в своём основании, но я не виноват, что верю так, а не иначе»* (Ч.). 2. Употребляются в роли слов-предложений, чаще всего — в диалогической речи. *«Вы приедете сегодня? Конечно».* 3. Служат важным текстообразующим средством, а именно: используются для связи между самостоятельными предложениями, оформляют переход от одной темы к другой (в этой своей роли модальные слова сближаются с союзами).

Монолог — речь одного человека, состоящая из нескольких самостоятельных предложений и обращенная к себе, к слушателям (в пьесе — к зрителям или другим персонажам):

«— И всяко ж вы транжирка, — продолжает хозяйка. — Деньги нельзя на всякие там симоны да ликарноны тратить. Деньги нужно копить. Вот когда муж был жив, да у меня в ушах бриллианты с кулак болтались, поверьте, совсем иначе ко мне люди относились. Что ни скажу, все умно было. Теперь небось никто не кричит про мой ум, а как вспомню, так и тогда все одни глупости говорила. Деньги — великое дело. Будь у вас деньги, вы бы тоже умнее всех были, и полковники бы у вас в гостях сидели, и приз бы за красоту получили» (Н. Теффи).

Все части монолога объединены одной темой и связаны по смыслу. При монологе могут присутствовать и слова автора, которые оформляются пунктуационно так, как в предложениях с прямой речью.

Монолог чаще всего используется в языке художественной литературы, в публичных выступлениях перед аудиторией.

Публичная монологическая речь отличается преобладанием сложных предложений, большим количеством вопросительных предложений, стимулирующих мысль слушателей. Такие вопросы не всегда требуют ответа, но не являются риторическими; это стимуляторы саморассуждения; они часто встречаются, например, в монологической речи учителя: «Какие же предложения можно назвать сложными? Это прежде всего предложения, которые состоят из нескольких простых. Обратите внимание на записанное на доске предложение...»

Монологическая публичная речь опирается на контакт со слушателями. Она должна быть продуманной, заранее спланированной, представлять собой связный текст. В ней широко используются различные текстовые скрепы (итак, тем не менее, таким образом, следовательно и др.).

Большую роль в организации публичного монолога, в выделении в пем важных для усвоения мыслей играет повелительное наклонение глаголов: «обратите внимание», «заметьте», «запишите», «запомните» и т. п.

В монологической речи редко встречаются причастные, деепричастные обороты.

Публичная монологическая речь должна быть четко построена, иметь четкую композицию, соответствующее вступление, основную часть и заключение.

Морфология — это учение о формах слова, о его грамматических свойствах. Слова в языке обладают разными грамматическими свойствами. Так, существительные в русском языке изменяются по падежам, а глаголы — по лицам и числам. Такие общие свойства различных частей речи изучаются в морфологии.

Морфология изучает слово с точки зрения его грамматического значения. Всякое слово обладает своим индивидуальным лексическим значением. И в то же время слово, как элемент языковой системы, принадлежит к целым классам слов, обладающих общими признаками. Так, слова *земля, рама, парта, белка, дочь, мать* принадлежат к классу слов женского рода. Все эти слова обладают общим грамматическим значением рода. Глаголы *видеть, понимать, обижаться, читать* имеют общее значение несовершенного вида, это значение тоже грамматическое.

Лексические значения слов отражают мир реальных вещей. А грамматические значения чаще всего не имеют прямых связей с реальностью. Они лишь указывают на то, что слово в данном языке принадлежит к определённому классу слов.

Главным средством выражения лексического значения является основа слова. Например: *дом, домой, домашний, домовой* — смысл узнаётся по основе слова. А средством выражения грамматического значения чаще всего выступает окончание. Например, по окончанию определяется род существительных: *книга* — окончание -а, значит, слово женского рода; *окно* — окончание -о, значит, слово среднего рода. Помимо окончаний , грамматические значения могут выражаться суффиксами (суффикс -л у глагола является показателем грамматического значения прошедшего времени: *видел, читал*), приставками (приставки участвуют в выражении значений совершенного и несовершенного вида: *писать — написать*), ударением (ср.: *го́ловы* — И. п. мн. ч. и *головы́* — Р. п. ед. ч.). Кроме того, грамматическое значение может выражаться специальными (вспомогательными) словами. Так, у глаголов несовершенного вида будущее время образуется с помощью вспомогательного слова: *Буду писать, буду думать* и т. п. Иногда для выражения грамматических значений важен порядок слов: *Мать любит дочь.* В этом предложении первое существительное стоит в И. п., второе — в В. п. Некоторые формы одного слова образуются от разных основ: мы — нас, он — его, брать — взять, хороший — лучше.

Грамматическое значение у слова может быть постоянным, а может меняться при изменении форм слова. Постоянным грамматическим значением является, например, род существительного, потому что в любом предложении существительное имеет один определённый род. Это постоянный признак существительного. Непостоянные признаки русского существительного — это падеж и число, так как в разных предложениях слово может употребляться в различных падежных и числовых значениях: *У меня есть книга* (И. п, ед. ч.); *У меня нет книг* (Р. п., мн. ч).

Н

Назывные предложения — односоставные предложения, которые, как свидетельствует их название, только называют предметы, указывая на место, время действия: «*Поздняя осень. Грачи улетели, лес обнажился, поля опустели*» (Н.). Распространяться главный член таких предложений может только определением.

Главный член в них выражен именем существительным в именительном падеже или сочетанием количественного числительного (в Им. пад.) с существительным в Род. падеже: «*Ясный зимний полдень. Мороз крепок*» (Ч.), «*Большая комната. Два окна, дверь на террасу*».

Назывные предложения иногда могут быть осложнены указательными частицами **вот, вон**: «*Вот мельница. Она уж развалилась*» (П.).

Наклонение — это грамматическая категория, которая выражает отношение действия, называемого глаголом, к реальной действительности. Действие может представляться реальным — таким, которое происходит сейчас, происходило в прошлом или обязательно произойдёт в будущем. Такое реальное действие передаётся глаголами в изъявительном наклонении.

Два другие наклонения — условное и повелительное — называют нереальные действия, а те, которые только могут произойти. Так, глагол в условном наклонении обозначает действие, которое произойдёт лишь при определённых условиях: *Если бы ты готовился к контрольной работе, то получил бы хорошую оценку.*

Для образования условного наклонения используется глагол с суффиксом -л (но эта форма не выражает значения прошедшего времени, как и другие формы, без суффикса -л, внешне напоминающие прошедшее время: *мог бы, спёк бы, засох бы* и т. п.) и частица **бы**. Частица **бы** может стоять в любом месте простого предложения.

Глагол в повелительном наклонении обозначает действие, которое просят или приказывают совершить. Значения форм повелительного наклонения варьируются от мягкой просьбы, совета до категоричного приказа, ср.: *Садитесь, пожалуйста. Сесть! Немедленно сядь!*

Формы повелительного наклонения образуются с помощью суффикса **-и**, который прибавляется к основе настоящего (или будущего) времени: *береги, положи, посиди.* Некоторые глаголы образуют форму повелительного наклонения без суффикса **-и** (в таких случаях форма повелительного наклонения равна основе глагола): *строй, давай, читай, оставь, обеспечь, ешь, ляг, мажь.*

Глаголы в повелительном наклонении имеют формы единственного и множественного числа. Форма множественного числа образуется путём прибавления к форме повелительного наклонения единственного числа окончания **-те**: *пой — пойте.*

Глагол в повелительном наклонении изменяется по лицам, но не может иметь форму 1-го лица ед. числа, потому что с просьбой или приказом к самому себе не обращаются. Самой типичной формой повелительного наклонения является форма 2-го лица единственного и множественного числа: *читай — читайте.* Но бывают глаголы в повелительном наклонении в форме 1-го лица множественного числа: *споём, споёмте*. Такие формы выражают приглашение к совершению совместного действия. Есть и формы повелительного наклонения 3-го лица единственного и множественного числа. Они образуются с помощью частиц *пусть, да*: *Пусть всегда будет солнце! Да здравствует солнце, да скроется тьма!*

В функции повелительного наклонения (для выражения приказа) часто используется инфинитив глагола: *Встать! Сидеть смирно!*

В изъявительном наклонении глаголы изменяются по временам, а в условном и повелительном, обозначающих нереальные действия, глагол по временам изменяться не может.

Наречие — это знаменательная часть речи, обозначающая признак действия или другого признака. Самая характерная морфологическая черта наречия — неизменяемость. В предложении наречия чаще всего выступают в роли различных обстоятельств.

Обозначая признак действия, наречия чаще всего примыкают к глаголам: *бежать быстро, работать весной, идти туда;* реже наречия примыкают к прилагательным и тогда обозначают признак признака: *ослепительно синее небо, очень красивый цветок.*

По значению наречия делятся на местоимённые и неместоимённые. Местоимённые наречия, подобно местоимениям, только указывают на признак, но не называют его. Это слова типа *там, туда, так, куда* и под. От местоимений они отличаются своей морфологической неизменяемостью. Неместоимённые наречия называют признаки — *вдаль, вверху, красиво, вблизи* и под. (ср. *там* — указание на место и *вблизи* — определение места).

Наречия различаются и по более частным значениям. Можно выделить следующие группы: 1) наречия образа действия, которые отвечают на вопросы *как? каким образом?* Например: *тихо, весело, по-дружески, шёпотом, втроём;* 2) наречия меры и степени (отвечают на вопросы *в какой степени? насколько?*), например: *совсем, вдвое, слишком, чересчур, много;* 3) наречия места, отвечающие на вопросы *где? куда? откуда?* Например: *там, вблизи, вдаль, наверху, издали;* 4) наречия времени, которые отвечают на вопросы *когда? как долго?* Например: *тогда, сегодня, вчера, давным-давно, весной, накануне;* 5) наречия причины, которые отвечают на вопросы *почему? отчего?* Например: *сгоряча, спросонья, сослепу, поневоле;* 6) наречия цели, отвечающие на вопросы *с какой целью? для чего?* Например: *назло, нарочно, затем.*

Хотя наречие — неизменяемая часть речи, всё же одна форма словоизменения возможна и у наречия. Это форма степени сравнения, которая может быть образована от наречий с суффиксами **-о, -е**: *красиво — красивее, тихо — тише.* Сравнительная степень наречия по внешним признакам полностью совпадает со сравнительной степенью прилагательного, и различить их можно только в предложении: сравнительная степень наречия поясняет глагол, а сравнительная степень прилагательного относится к существительному. Ср.: журнал *интереснее* газеты (прилагательное); журнал выглядит *интереснее*, чем газета (наречие).

Отличительной чертой наречия как части речи является то, что наречия образуются от всех других знаменательных частей речи. Именно потому, что в наречия стекаются слова всех других частей речи, русский лингвист А. А. Шахматов считал наречие самой важной частью речи в русском языке. Ср.: от существительных или существительных с предлогами образовались наречия *весной, но-*

чью, *вверх, вслед, вдаль, кругом, даром, залпом,* от прилагательных — *по-дружески, весело, красиво, по-английски, искренне, смело,* от причастий — *умоляюще, волнующе, взволнованно, организованно, вызывающе;* от числительных — *вдвое, дважды, впервые, сперва, вчетвером;* от местоимений — *по-моему, по-твоему, затем;* от глаголов — *мельком* (от «мелькать»); от деепричастий — *нехотя, молча, лежа, сидя, играючи, умеючи.*

Нарицательные существительные — см. *Лексико-грамматические разряды.*

Небуквенные графические средства — это такие знаки письменной речи, как ударение, дефис (чёрточка), знаки препинания, пробелы между словами, крупные пробелы между частями печатного текста, знаки параграфов, курсив, разрядка, подчёркивание, выделение букв и слов цветом, апостроф.

Знак ударения ставится в текстах учебников по русскому языку для нерусских учащихся, в других пособиях учебного характера ударение обычно не фиксируется средствами графики. В художественной литературе, рассчитанной на лиц, владеющих нормами ударения, оно так же не обозначается. Однако иногда возникает необходимость обозначить ударение: например, в названии стихотворения С. Орлова «До́ма» стоит знак ударения (иначе можно было бы прочесть — дома́).

Логическое ударение может выражаться курсивом, то есть самое важное по смыслу слово курсивно выделяется. В этих же случаях применяется разрядка.

Знаки препинания — это небуквенные графические средства, но правила их употребления не имеют отношения к графике: эти правила строятся на смысловой, синтаксической и интонационной основе. Не является знаком препинания дефис — особый знак, служащий для графического соединения разделённых пробелом частей слов: *русско-английский, по-настоящему, кое-что*. Дефисом соединяются также отдельные слова, вместе образующие одно новое слово: *премьер-министр, вагон-ресторан, плащ-палатка*.

Графическим (не пунктуационным) средством в ряде случаев выступают кавычки. Например, кавычки ставят для выделения названий газет, журналов, учреждений, разнообразных маркировок товаров: газета «Собеседник», журнал «Юность», фирма «Логос», автомобиль «Волга», холодильник «Ока», батончик «Марс». Кавычки могут использовать как особый сигнал, фиксирующий внимание на переосмысленном употреблении слова и различных новообразованиях в языке: «Цимла может устроить нам «цунами» («Вечерний Ростов», 21 ноября 1994 г.).

К небуквенным графическим средствам относится апостроф — особый знак в виде надстрочной запятой. Этот знак заимствован из западноевропейских языков и употребляется главным образом в словах иноязычного происхождения, в том числе — в именах собственных: о'кей, Жанна д'Арк.

Невосклицательные предложения — это предложения, в которых ни интонационно, ни пунктуацией не выражены эмоции. Такие предложения произносятся без восклицательной интонации. Таких предложений в нашей речи большинство. Невосклицательными могут быть повествовательные, вопросительные, побудительные предложения: *«Поздняя осень, Грачи улетели»* (Н.). *Федя спросил у Саши: «Ты уже выучил уроки?».* *«— Вы, верно, едете в Ставрополь?»* (Л.). *«— Пожалуйста, завтра сдайте мне сочинения», — сказал учитель».*

В невосклицательных предложениях отсутствуют эмоциональные частицы, междометия.

Неологизмы — это новые слова, недавно вошедшие в систему языка. Характерный признак этих слов — ореол новизны. Ясно, что это не очень чёткий критерий отграничения неологизмов от других групп лексики, так как трудно определить, какой временной отрезок соответствует понятию новизны слова.

Первый русский словарь неологизмов появился в 1968 г.: «Новые слова и значения. Словарь-справочник» под ред. Н. З. Котеловой и Ю. С. Сорокина. В этот словарь вошли разные слова: научные термины типа *нейтрино* (элементарная частица, открытая в 1931 г.), *биомасса, бионика, гидростат, макрокинетика* и мн. другие, названия новых предметов — *магнитола, кондиционер, буклет, болонья, бистро*; есть в этом словаре слова, заведомо обречённые на недолгую жизнь: это названия модных танцев типа «*летка-енка*», «*липси*» или модных причёсок типа «*бабетта*». Но многие слова из этого словаря сегодня прочно вошли в русский язык и их уже вряд ли можно считать неологизмами: *кодироваться, киноэпопея, кинорепортёр, кинопроба, информант, Интерпол, интеллектуал, вестерн, соковыжималка, реаниматология, ракетчик, ракетоноситель, разведслужба, океанавт, микроэлектроника, лайнер, лазер, лавсан, дзюдо, таймаут,* и мн. др.

С 1977 по 1984 г. новая лексика фиксировалась в ежегодных сборниках, которые составлялись по материалам прессы. Это «Новое в русской лексике. Словарные материалы-77», «Новое в русской лексике. Словарные материалы — 78» и т. д. В 1995 г. вышел «Словарь новых слов русского языка» под ред. Н. З. Котеловой. Поскольку среди неологизмов 80—90-х гг. большое место занимают иноязычные слова, главным образом — англицизмы (см. *Заимствование*), есть целесообразность в изданиях типа: Комлев Н. Г. «Словарь новых иностранных слов», Изд-во МГУ, 1995.

Неопределенно-личные предложения — это односоставные предложения, в которых действие совершается неопределенным лицом (или неизвестным говорящему или известным ему, но не называемым им по каким-либо причинам): *«Вам звонят»* (деятель неизвестен говорящему), *«Меня пригласили в кино»* (деятель известен, но говорящий не хочет его называть, и для собеседника лицо деятеля неопределенно). В таких предложениях главный член выражен формой 3-го лица множественного числа глагола или формой прошедшего времени множ. числа.

Неопределенно-личные предложения иногда могут иметь обобщенное значение. Тогда действие в них может быть выражено любой формой глагола. Это обычно пословицы, поговорки, афоризмы: *«В лес дров не возят»*, *«Тише едешь, дальше будешь»*, *«Кашу маслом не испортишь»* (Посл.).

Неполные предложения — такие предложения, в которых опущен какой-либо член, но легко восстанавливается из ситуации, предшествующего текста или из тех членов, которые присутствуют в предложении. Особенно часто неполными оказываются ответные реплики диалога. При этом отсутствуют те члены предложения, которые выражают тему, т. е. информацию, известную из предшествующего текста: *«Приятель, дорогой, здорово! Где ты был? — В кунсткамере, мой друг»* (Кр.). Ср.: *Я был в кунсткамере, мой друг.*

Отсутствующие члены предложения могут восстанавливаться из ситуации: — *Кто принес? — спросила она, указав на цветы*. Ср.: *Кто принес цветы?*

Иногда отсутствующий член — сказуемое подсказывается содержанием всего предложения: «*Молчалин на лошадь садился, ногу в стремя. А лошадь на дыбы. Он об землю и прямо в темя*» (Гр.). Ср.: *Ногу вдел в стремя. Лошадь встала на дыбы. Он ударился об землю.*

Или другой пример: «*Мелеховский двор на самом краю хутора*» (Шол.). Ср.: *Мелеховский двор расположен на самом краю хутора.*

В конкретном непосредственном речевом общении при разговоре со старшими по возрасту или социальному положению предпочтительнее употреблять полные предложения. Неполные же предложения используются обычно в живом непринужденном разговоре, в неофициальном общении.

Несклоняемые существительные — см. *Склонение.*

Норма — совокупность установившихся в данном обществе и в данную эпоху языковых правил. Эти правила касаются всех уровней языка. Есть нормы фонетические, орфоэпические, или произносительные (они отражены в соответствующих справочниках по нормативному произношению, например, информацию о правильном произношении того или иного слова мы можем почерпнуть в словаре-справочнике «Русское литературное произношение и ударение» под ред. Р. И. Аванесова). Нормы правописания отражены в орфографических словарях. Есть нормы (правила), касающиеся грамматики — морфологии и синтаксиса. Информацию о правильности той или иной грамматической формы (формы падежа или числа существительного и т. п.) мы можем найти в пособиях по грамматике, в специальном «Грамматическом словаре русского языка» А. А. Зализняка. Лексические нормы закреплены в толковых словарях (из них мы черпаем сведения о наличии того или иного слова в русском языке, о значении того или иного слова).

Норма утверждается и поддерживается языковой практикой культурных людей, в частности — писателей, которые обрабатывают элементы общенародного языка. Чтобы отличить нормативное явление от ненормативного, следует помнить следующее: норма определяется степенью употребления при условии авторитетности источника. То есть, только степень распространенности — еще не гарантия нормативности. Распространенной может быть и ошибка (ср. *квáртал* и *квартáл*); важна авторитетность источников, в которых распространено то или иное языковое явление. Норма соответствует не тому, что можно сказать, а тому, что уже сказано, что по традиции говорится в данном языковом коллективе. Языковые нормы в их общественном бытии называют маяком, на который языковой коллектив ориентируется в безграничном море языковой деятельности.

Наличие образцовых норм вовсе не означает их неизменности, так как язык постоянно развивается. Каждый этап развития языка является продолжением этапа предшествующего, имеет свои нормы, и объективное развитие языка есть становление его норм. Так, совсем недавно лексической нормой русского языка стали слова *менеджмент, маркетинг, брокер, дилер, дистрибьютер, супермаркет, шоумэн, клипмейкер* и т. д.

O

Обобщающие слова — это члены предложения, которые конкретизируются, уточняются однородными членами.

Однородные члены предложения часто могут иметь при себе обобщающие слова, содержание которых они раскрывают. В роли обобщающих слов обычно выступают местоимения или местоименные наречия: **весь, всякий, всюду, всегда, везде, никто, ничто, нигде, никогда** и т. п.: «*Все здесь нравится Карпову: и панорама, и чайки, прорезающие воздух, и сам воздух, настоенный на водорослях, на угле, на сосне и железе*» (В. Аксенов), «*Всюду: вверху и внизу — пели жаворонки*» (Ч.).

Иногда в качестве обобщающих слов могут выступать слова, обозначающие целый класс явлений. Однородные же члены обозначают разновидности этих явлений: «*Еще у меня в кармане была ягода: костяника, голубая черника и красная брусника*» (Пришв.). После обобщающего слова ставится двоеточие, а после однородных членов перед обобщающим словом — тире: «*В степи, за рекой, по дорогам — везде было пусто*» (А. Н. Т.).

Обобщающие слова могут быть выражены и целыми сочетаниями, фразеологизмами: «Машины шли в <u>двух направлениях</u>: на восток и на запад» (Симонов), «Ермолай был человек <u>престранного рода</u>: беззаботен, довольно говорлив, рассеян и неловок с виду» (Тург.).

Обособление второстепенных членов предложения — смысловое и интонационное выделение их в составе простого предложения. Второстепенные члены предложения обособляются, выделяются запятыми, если они по смыслу и интонационно уподобляются придаточному предложению. Ср.: *Покрытые росой тополи наполняли воздух нежным ароматом* и «*Тополи, покрытые росой, наполняли воздух нежным ароматом*» (Ч.). Во втором случае обособленный второстепенный член аналогичен придаточному: *Тополи, которые были покрыты росой, наполняли воздух нежным ароматом.* Обособление сообщает определению дополнительный причинный оттенок, а также временную самостоятельность: действие, выраженное в нем, предшествует основному действию. Способ связи же его со словом «тополи» остается тем же — согласование, но изменение порядка слов и интонации придало ему значение сообщения о самостоятельном событии: *Тополи были покрыты росой.* Таким образом, обособление не меняет сочетаемости второстепенного члена предложения, но меняет, усложняет смысл всего предложения.

Обособление согласованных определений всегда связано с линейным их расположением: чтобы обособить определения (согласованное или ряд однородных определений), надо поставить их после определяемого существительного. Перед определяемым нарицательным существительным согласованные определения обособляются только тогда, когда имеют обстоятельственные значения: «*Земля, бестравная, усыпанная бурой хвоей, казалась пухлой и теплой*» (Ю. Трифонов) и *Чрезвычайно довольный своим назначением, летчик поспешил собираться в дорогу.* Ср.: *Летчик поспешил собираться в дорогу, так как был доволен своим назначением.*

Всегда обособляются согласованные и несогласованные определения, если относятся к личным местоимениям: «*Я долго не спал, удивленный этой небывалой сценой*» (Кор.). В необособленном виде они определений иметь не могут.

Обстоятельства, выраженные деепричастиями и деепричастными оборотами, обычно всегда обособляются: «*Качаясь, встал Трофим на ноги...*» (Шол.), «*Кинув в лодку весло, Трофим поднялся во весь рост...*» (Шол.), «*Федор шел, не чувствуя усталости*» (Шол.).

Не обособляются деепричастия в том случае, если они необходимы для выражения смысла предложения; обычно именно они передают в предложении новую информацию (рему): «*Жили Артамоновы ни с кем не знакомясь*» (М. Г.), «*Она (Аксинья) вошла в зал не постучавшись*» (Шол.).

Одиночные деепричастия, образующие сочинительный ряд, всегда обособляются: *Так они шли, беседуя и смеясь.*

Одиночные деепричастия обычно обособляются, если стоят перед сказуемым: *Бегая, дети звонко смеялись.* Не обособляются слова *молча, сидя, стоя, лежа, нехотя, шутя, не глядя.* При одиночном употреблении они по значению близки к наречиям: *Он молча прошел в свою комнату.* Не обособляются также фразеологизмы, включающие в себя деепричастные формы: *Мы работали не покладая рук.*

Обособляются всегда обстоятельства, выраженные существительным с предлогом «несмотря на»: *Несмотря на холод, она пришла без пальто; «После продажи своей коллекции Петру Рюйш, несмотря на возраст, продолжал работать»* (В. Раздан).

Обстоятельства с предлогами **вследствие, ввиду, за неимением, по случаю** и др., а также обстоятельства, выраженные существительными в дательном падеже, с предлогами — **благодаря, вопреки, согласно** могут по усмотрению говорящего обособляться: «*Вследствие тя-*

желых полярных условий, полет на неисправном самолете требовал от летчика большой отваги» (Г. Ушаков).

Дополнения обособляют редко, обычно в составе оборотов со словами **кроме, помимо, включая, исключая, за исключением, сверх, наряду с, вместо** и т. п. *Из-за тумана, кроме контуров домов, ничего не было видно.*

Обращение — это слова, словосочетания, грамматически не связанные с другими словами предложения и не являющиеся членами предложения. Основная цель их употребления — назвав собеседника, побудить его обратить внимание на содержание сообщения. В роли обращения выступает именительный падеж существительного (или его заместителя — прилагательного, причастия), а также словосочетания (распространенное обращение).

Обращение может стоять в начале, в середине, в конце предложения, выделяясь на письме запятой: *«Извини меня, Дима, я же не знал, что ты выжимаешь шестьдесят»* (В. Аксенов); *«Эй, кудрявые, на весла налегай!»* (В. Каменский); *«Но вы, кажется встречались с ним, Вера Александровна?»* (В. Каверин).

Если обращение носит призывный характер, то после него ставится восклицательный знак: *Анна Петровна! Мы вас ждем.* От междометий обращение отделяется запятой (за исключением междометия-частицы о): *«О Волга, колыбель моя, любил ли кто тебя, как я?»* (Н.). Обращение может, кроме основного значения, передавать положительное или отрицательное отношение говорящего к собеседнику: *«Что ты задумчив, голубчик, сидишь?»* (А. Фет); *«Будь спокойна, моя деликатная, робко любящая и любимая»* (И. Северянин); *«Здравствуй, племя младое, незнакомое!»* (П.).

Чаще всего в устной речи в роли обращения используются имена существительные собственные. По имени и отчеству в русской традиции принято обращаться к людям старшим по возрасту или положению.

В этикетных целях при обращении к людям незнакомым рекомендуется употреблять вежливые формы, заменяющие обращение: <u>Извините</u>, который час?, <u>Будьте добры</u>, скажите, пожалуйста, как пройти к скверу?

Письма должны начинаться обращением, которое обычно имеет при себе определение «дорогой, милый, глубокоуважаемый» и т. п.: *«Милая Маша! Пишу тебе из Ялты»* (Ч.).

В речи поэтической в роли обращений могут быть неодушевлённые — конкретные и отвлечённые существительные (прием олицетворения): *«...Вернись на родину, душа!»* (И. Бунин); *«О поле, поле! Кто тебя усеял мертвыми костями?»* (П.); *«Память, не ершись!»* (Б. Пастернак).

Обстоятельство — второстепенный член предложения, выражающий характеристику действия, признака, указывающий на место, время, причину, условие, образ действия, а также на качество или количество признака.

Обстоятельства отвечают на вопросы *где?, когда?, почему?, зачем?* и др.

По значению обстоятельства делятся на разряды: 1) места: «Темная ночь загустела (где?) <u>в лесу</u>» (Б. Полевой); 2) времени: «<u>Теперь</u> (когда?) гром боя отодвигался на юг» (Б. Полевой); 3) причины: «<u>Живя в клетках</u>, животные застаиваются» (по какой причине?); 4) образа действия и степени: «...Лодка (как?) <u>быстро</u> поплыла по скользкой воде» (М. Г.); 5) сравнения: «Море было спокойно, черно и густо, <u>как масло</u>» (М. Г.); 6) цели: Чехов приехал в Москву (для чего?) <u>учиться</u>; 7) условия: «<u>В ясную погоду</u> (при каком условии?) оттуда бывает виден даже город» (Ч.);

8) уступки: «Несмотря на свое бедственное положение, Валетка ни разу не пропадал...» (Тургенев).

Однородные определения — это определения, которые выражают или 1) дополняющие друг друга признаки одного предмета, или 2) обозначают признаки разных предметов однородного ряда: 1) *На тарелке лежали вкусные и красивые яблоки;* 2) *На тарелке лежали кислые и сладкие яблоки.*

В том случае, если одно из согласованных определений относится к существительному, а другое — к сочетанию существительного и указанного определения, они являются неоднородными (сочинительного союза между ними вставить нельзя) и запятая между ними не ставится: «*В море около поселка лежит большой гранитный валун*» (Пауст.). Запятая между такими неоднородными определениями ставится только тогда, когда второе уточняет первое: «*Пьер заметил новое, молодое выражение на лице своего друга*» (Л. Н. Т.).

Однородные члены предложения — это такие члены предложения, которые отвечают на один и тот же вопрос и зависят от одного и того же слова или же подчиняют его.

Между этими словами в предложении устанавливаются сочинительные отношения, то есть отношения равноправия. Однородные члены предложения могут связываться друг с другом либо с помощью сочинительных союзов, либо только при помощи интонации. В соответствии со значением союзов отношения между однородными членами могут быть соединительными (с союзами **и, тоже, также, не только, но и, как, так и, да = и**), противительными (с союзами **а, но, да=но, однако, же, зато**), разделительными (с союзами **или, либо, то—то, не то — не то, то ли — то ли**): «*Вокруг студии раскинулись и дремучий* лес, и поля, и луга, и красивое озеро» (В. Черкасов), «В руках у него была тетрадь и карандаш» (Короленко).

Как видно из этих примеров, **запятая** между однородными членами ставится только **при** повторяющемся союзе **и**. При неповторяющемся союзе **и** запятая перед ним не ставится. Перед союзом **но** запятая всегда ставится: *Откуда-то издалека доносилась красивая, но печальная песня*. То же и при повторяющихся разделительных союзах: *С неба сыпался не то дождь, не то мокрый снег*; «*То справа, то слева слышался гул падающих деревьев*» (Пауст.).

Однородные члены предложения иногда могут быть выражены разными частями речи. Однородными могут быть согласованные и несогласованные определения: «*Этот маленький, скрюченный, постоянно ноющий, в темных очках, с маленьким бледным лицом человек давил и угнетал всю гимназию*» (Ч.). В данном случае однородными оказываются определения, выраженные прилагательными и существительными.

Предложения с однородными сказуемыми в ряде случаев синонимичны сложносочиненным предложениям: *Сестра работала и одновременно училась в институте*. Ср.: *Сестра работала, и одновременно она училась в институте*.

Односоставные предложения — такие предложения, в которых грамматическая основа состоит из одного главного члена. По значению и способам выражения главного члена выделяются личные предложения, где действующим является определенное или неопределенное лицо (определенно-личные и неопределенно-личные предложения): «*Люблю тебя, Петра творенье*» (П.); «*Помню я кольца волос*» (Брюсов) и «*Ту мощь брони незачехлённой стволов и гусениц везли*» (Твард.).

Личным предложениям противопоставлены безличные, где активного деятеля нет и он не подразумевается. Если лицо и называется в них, то оно не активно, а лишь испытывает какое-то состояние: «*А Варьке хочется спать*» (Ч.).

Личным и безличным предложениям противопоставлены назывные, где главный член — подлежащее, а не сказуемое, и выражен он именем существительным. В назывных предложениях лишь указывается на наличие предмета, выраженного подлежащим: «*Зима*. Крестьянин, торжествуя, на дровнях обновляет путь» (П.). В односоставных предложениях главный член особенно значим по смыслу и выделяется интонацией.

Одушевленные существительные — см. *Лексико-грамматические разряды*.

Окончание — изменяемая часть слова, которая служит для связи слов и словосочетаний в предложении и выражает значения рода, числа, падежа, лица. Оно легко обнаруживается при изменении слова: прилежани⌐е⌐ — прилежани⌐ем⌐ — прилежани⌐ю⌐.

Окончания могут иметь в слове определенное звуковое или буквенное выражение, но могут быть и нулевыми. Нулевое окончание выделяется на фоне других (падежных, личных) окончаний. Например, в слове «стол» на фоне окончаний родит. падежа «стол⌐а⌐», окончаний дат. падежа «стол⌐у⌐» выделяется нулевое окончание именительного и винит. падежа существительного в единственном числе. Неизменяемые слова и формы слов (наречия, деепричастия и др.) окончаний не имеют: *слева, вправо, вдруг, побежав.*

Окончание находится после суффиксов, но перед суффиксом — «частицей» (постфиксом) «ся»: «уч|ил|ся — учил☐ся — учил|а|сь. Окончание сразу указывает на несколько форм одного слова. Так, в прилагательном «новая» окончание «ая» указывает на женский род, единственное число, именительный падеж. Иногда окончания могут участвовать в образовании новых слов: *супруг — супруга* (присоединение нового окончания может сопровождаться в таких случаях чередованием звуков в основе производного слова: «наставник☐, наставниц|а|, проказник☐ — проказниц|а|).

Оксюморон — см. *Антонимы.*

Омографы — см. *Омонимы.*

Омонимы — это разные слова, которые пишутся и произносятся одинаково. Например, «брак» — супружество и «брак» — недоброкачественная работа. Омонимы следует отличать от многозначных слов. Омонимия — это случайное созвучие, между словами-омонимами нет никаких смысловых соответствий, а между значениями многозначного слова есть связь, например — по сходству. Так, все предметы, называемые словом «игла» (швейная игла, медицинская игла, хвоя у ёлки, нарост у ежа), похожи, поэтому здесь мы имеем дело с многозначностью. А предметы, названные словами-омонимами, ничего общего не имеют (ср. «лук» — огородное растение и «лук» — оружие).

Омонимы делятся на полные и частичные. Для полных омонимов характерно совпадение во всех возможных формах как в письменной речи, так и в устной. Например, омонимы «ключ» — источник и «ключ» — инструмент совпадают во всех двенадцати формах падежа и числа. Среди частичных омонимов различают: 1. омоформы, для которых характерно совпадение в отдельных формах (формы 1-го лица ед. числа глаголов *лететь* и *лечить* совпадают: «лечу»); 2. омофоны — разные слова, которые по-разному пишутся, но произносятся одинаково: *везти — вести, пруд — прут, браться — братца*; 3. омографы — разные слова, которые одинаково пишутся, но произносятся по-разному (*мука́ — му́ка, а́тлас — атла́с, за́мок — замо́к*). Омофоны появляются в языке как следствие фонетических процессов, например, из-за обязательного оглушения согласного в конце слова: *плод — плот*. А причина появления омографов — это разноместность русского ударения: *мо́ю — мою́, доро́га — дорога́*.

К омонимии примыкает такое явление, как паронимия. Паронимы — это слова с разным написанием, но очень похожие (хотя не тождественные) в произношении: *эффектный* (красивый) — *эффективный* (результативный), *каракуль* (мех) — *каракуля* (небрежно написанная буква), *карьер* (быстрый бег лошади) — *карьера* (продвижение вверх в профессии, по служебной лестнице и под.), *чудно́й* (вызывающий удивление, странный) — *чу́дный* (прекрасный), *скрытый* (невидимый) — *скрытный* (скрывающий от других свои чувства), *невежа* (грубый, неучтивый человек) — *невежда* (необразованный человек). Эти и многие другие сходнозвучные слова часто ошибочно употребляют одно вместо другого. Чтобы не ошибиться, надо обращаться либо к толковым словарям, либо к специальным словарям паронимов, например, к «Словарю паронимов русского языка» Н. П. Колесникова, Ростов н/Д, 1994.

Омофоны — см. *Омонимы*.

Омоформы — см. *Омонимы*.

Определение — второстепенный член предложения, который обозначает признак предмета, поясняет имя существительное и отвечает на вопросы **какой? чей? который?**

Определения делятся на согласованные и несогласованные. Согласованные определения согласуются с определяемым словом в роде, числе и падеже: «В *счастливом* (каком?) единстве с землею *огромной* — и радость *моя* и *мое* (чье?) торжество...» (Л. Щипахина).

Несогласованные определения чаще всего выражены существительными с предлогами и без предлогов, и определяемое существительное управляет ими: «Слева по-прежнему шла черная гряда сопок, изогнувшаяся как хребет гигантского зверя» (А. Фадеев).

Наиболее надежный критерий отграничения несогласованных определений от дополнений — возможность замены их согласованными определениями: *тарелки из глины* = *глиняные тарелки, ложки из дерева* = *деревянные ложки*. Иногда эта отнесенность определяется по аналогии: в сочетании «ножка стола» существительное «стола» нельзя заменить прилагательным, но по аналогии со сходными сочетаниями «ручка двери» = «дверная ручка» слово «стола» квалифицируется как несогласованное определение.

В то же время косвенный падеж существительного по аналогии с приглагольным дополнением относят к дополнению: «руководство школой — руководить школой», «чтение доклада — читать доклад».

Но если в результате такого преобразования зависимые существительные начинают выполнять роль обстоятельств, то их следует рассматривать как несогласованные определения: «выход из квартиры — выйти из квартиры», «сон перед рассветом — спать перед рассветом», «отдых на море — отдыхать на море». В качестве несогласованных определений изредка выступают и неуправляемые слова: «парк зимой», «отдых летом» и т. п.

Определения могут быть включены в состав того члена, с которым они согласуются, если они несут основную смысловую нагрузку: *«Небесный свод* (подл.) *казался голубой хрустальной чашей»* (Арсеньев).

Определенно-личные предложения — односоставные предложения, в которых в качестве глагола-сказуемого выступают формы 1-го или 2-го лица изъявительного наклонения настоящего или будущего времени, а также повелительного наклонения.

В них отсутствует подлежащее, но сказуемое своей формой указывает, что деятелем является говорящий или его собеседник, т. е. вполне определенное лицо: *«Люблю тебя, Петра творенье!»* (П.), *« — Что скажете хорошенького?»* (Ч.), *«Пора, красавица: проснись: открой сомкнуты негой взоры навстречу северной Авроры...!»* (П.).

Иногда определенно-личные предложения могут иметь обобщенное значение (чаще всего в пословицах, поговорках, афоризмах): *«Век живи — век учись!»*, *«Кашу маслом не испортишь»*, *«Давайте говорить друг другу комплименты!»* (Б. Окуджава).

Орфография — это система правил, регулирующих написание слов и морфем, написание прописных и строчных букв, слитные, раздельные и полуслитные написания, а также перенос слов. Слово «орфография» состоит из двух греческих корней: orthos — правильный, прямой и grapho — пишу, то есть дословно — «правописание». Русская орфография имеет длительную историю. Еще создатели рукописных книг стремились к единообразию в написаниях, но теоретически обосновал важность орфографии впервые М. В. Ломоносов. В его «Российской грамматике» глава 5 называется «О правописании». В ней сказано, что правила нужны, так как правильное написание слов способствует быстрому пониманию, чтению. М. В. Ломоносов считал, что написание должно помогать пониманию значения и состава слова.

До XIX в. строгих орфографических правил не существовало, но чем ближе к нам по времени, тем больше создавалось правил. В течение почти двухсотлетней истории русской орфографии неоднократно высказывались мнения о необходимости упрощения правил правописания. Например, предлагалось устранить «ъ» и всегда писать только «ь», не писать «ъ» после шипящих и т. д. Но орфография — очень консервативная область, и это оправданно: ведь всякие изменения затрагивают длительные традиции, связанные с издательской деятельностью.

Основной принцип русской орфографии называют морфологическим, хотя точнее было бы назвать его морфемным. Суть его в том, что в русском языке на письме сохраняется единообразие морфем (независимо от того, как они произносятся). В слове «вода» в корне пишется «о», хотя произносится «а», и во всех однокоренных словах (*воды, водяной, водичка* и под.) пишется «о» — сохраняется единство морфемы (корня *вод-*). Именно поэтому самое распространённое правило правописания гласных и согласных в русском языке предписывает изменять слово (чтобы сомнительный гласный был под ударением, а согласный — перед гласным: *вода — во́ды, сказка — ска́зочка*).

Однако не всегда написание гласных и согласных в русском языке определяется морфологическим принципом. Так, приставки на *з-, с-* пишутся в соответствии с произношением, значит — по фонетическому принципу: *разгрузить*, но *раскрасить, разбежаться*, но *расположиться*. Фонетическими являются и написания типа *предыстория, подытожить* (ср. однокоренные слова — *история, итог* — единое написание корня не соблюдается).

Многие слова в русском языке пишутся по традиции. Эти слова раньше соответствовали основному принципу орфографии, но в современном языке они не имеют опоры в словообразовательных или формообразовательных отношениях (т. е. безударный гласный нельзя проверить, подобрав родственное слово, где бы сомнительный гласный оказался под ударением). Непроверяемые безударные гласные имеются, например, в словах *собака, морковь, сапог, забор, капуста, железо* и мн. др.

Есть языки, где основным принципом орфографии является традиционный (английский язык) или фонетический (сербский язык). В русском же языке традиционные и фонетические написания не составляют большинства, так что их даже называют просто отступлениями от морфологического принципа.

Орфоэпия — раздел фонетики, изучающий нормы литературного произношения отдельных звуков или сочетаний звуков в определённых фонетических позициях, в грамматических формах, в группах слов или в сочетаниях слов. Орфоэпия — термин греческого происхождения, где orthos — правильный, epos — речь. Дословно — «правильная речь».

В современной фонетике существует два понимания русской орфоэпии: широкое и узкое. Широкое предложено основателем Московской фонологической школы Р. И. Аванесовым и его последователями. При широком понимании орфоэпии в её состав включается не только произношение звуков, но и стиль произношения, дикция, ударение. При узком понимании орфоэпии в состав её включается лишь собственно произношение звуков и сочетаний звуков. По-видимому, логичнее придерживаться широкого понимания орфоэпии, поскольку здесь учитывается не отдельная произносительность звуков, а произношение целой фразы, целый звуковой комплекс.

Русское произношение стало исследоваться теоретически в конце XIX—нач. XX в. в работах Ивана Александровича Бодуэна де Куртене и Алексея Александровича Шахматова. До их работ не анализировалось произношение. Как произносились те или иные звуки, сочетания звуков в нач. XIX, в XVIII, в XVII вв.? Ни в одном словаре, изданном до середины XIX в., нет сведений о произношении, нет описания произношения. Однако судить о характере произношения в указанные периоды всё-таки можно, но опосредованно, например, через рифмовку в стихах. У Пушкина встречаем формы освещен (*е*, но не *ё*), удален (е, неё). Эти формы отражают реальное произношение, которое возникло под влиянием старославянского языка. Или ср. лермонтовские строки: *«Белеет парус одинокий В тумане моря голубом, Что ищет он в стране далёкой, Что кинул он в краю родном».* Рифмуются формы одинок*ий* и далёк*ой*. Это возможно вследствие того, что заднеязычные согласные произносились твёрдо и на месте орфографического *и* произносился нечёткий звук, средний между **а** и **ы** [**ъ**] — как и вследствие позиционной мены на месте **о**.

В XX в. проблемами орфоэпии занимаются проф. Д. Н. Ушаков, С. И. Ожегов, акад. Р. И. Аванесов, которые сформулировали правила современного русского литературного произношения. Благодаря их трудам, орфоэпия превратилась в науку, где чётко определены нормы произношения, стили и варианты произношения. Современное русское литературное произношение сложилось к концу XVII—началу XIX в. под влиянием северновеликорусских и южновеликорусских говоров. Северновеликорусские говоры принесли в звучащую русскую речь характерные черты произношения консонантной системы (консонантизм — система согласных). Южновеликорусские говоры внесли вклад в систему вокализма, в первую очередь — аканье (относительно сущности аканья в науке нет единого мнения; одни учёные объясняют его фонологическими причинами, другие — физиологическими).

Ко времени А. С. Пушкина русское литературное произношение было в основном сформировано, однако речь образованных людей того времени включала большое количество архаических произносительных элементов, которые проникли в русскую речь из церковнославянского языка. Например, отсутствие в произношении о после мягкого согласного — освещенный, наделен; произношение прилагательных, оканчивающихся в основе на заднеязычный **к, г, х** — дол [**гъй**].

В течение XIX в. русское литературное произношение постепенно избавлялось от церковнославянских элементов, но к началу XX в. ещё существовали нормы произношения слов, которые значительно расходились с нормами написания этих слов. Например, возвратная частица -**сь** произносилась твёрдо (ср. в речи актёров старшего поколения). Прилагательные на -**кий, -гий, -хий** произносились с редуцированным гласным **среднего ряда среднего подъёма,** глаголы на -гивать, -кивать, -хивать имели твёрдый заднеязычный (подтягивать, помалкивать, помахивать) [хъ]. После шипящих **ж, ш** в первом предударном слоге произносился гласный, близкий к *ы* — жыраф, шымпанское, жысмин, жыкет, жылеть.

Орфоэпическая система литературного языка за последние десятилетия во многом изменилась. Главная тенденция развития произносительных норм состоит в том, что произношение сближается с письмом, с орфографическим обликом слова. Теперь лермонтовскую строчку «Белеет парус одинокий» следует читать, произнося «одинокий», а не «одинокой» (в некоторых авторитетных изданиях сочинений М. Ю. Лермонтова печатается именно так: «одинокой» — тогда сохраняется рифма с «далёкой»). В то же время разрыв между орфографией и орфоэпией по-прежнему достаточно глубок. Грубой ошибкой было бы орфографическое произношение глаголов на **-ся:** *казаться, расставаться* и под.

Осложненное простое предложение — это предложение, которое имеет в своем составе однородные члены, обособленные члены, вводные и вставные конструкции или обращения.

Осложненные предложения часто синонимичны сложным предложениям, хотя по строению их относят к простым:

1) «На клумбе росли белые и красные розы». Ср.: На клумбе росли белые розы, и там же (на клумбе) росли красные розы;

2) «Онегин, добрый мой приятель, родился на брегах Невы…» (П.). Ср.: Онегин был моим добрым приятелем, и родился он на брегах Невы;

3) «Именины Веры, по ее желанию, прошли незаметно» (Гонч.). Ср.: Именины Веры, так как она этого желала, прошли незаметно;

4) «Пламя перебежало на хвою, и потом, раздуваемое ветром, разгорелось со стонами и свистом» (Б. Полевой). Ср.: Пламя перебежало на хвою, и, так как его раздувало ветром, оно разгорелось со стонами и свистом.

Как видно из примеров, каждый из однородных или обособленных членов легко превратить в простое предложение, так как эти члены предложения передают информацию об определенном событии.

Основа слова — неизменяемая часть слова, которая выражает его лексическое значение. В изменяемых словах основа слова противопоставлена окончанию как изменяющейся части слова, выражающей его грамматическое значение: «пиш-у», «окн-о». При изменении слова основа не изменяется. В неизменяемых словах типа «пальто», «всегда» основа равна всему слову.

Очень редко в изменяемых словах при изменении формы слова меняется и его основа (при образовании форм мн. числа существительных: «человек — люди», при образовании сравнительной степени прилагательного: «хороший — лучше», падежных форм местоимений: «мы — нас»; «он — его»).

В некоторых случаях основа может быть расчленена окончанием. Таковы основы возвратных глаголов («уч им ся»), местоимений (ч ему -то, как ого -либо) и т. п.

Основы могут быть производными и непроизводными. Непроизводные основы, как правило, равны корню и не членятся на значимые части слова: «дом», «жить», «иду» и др.

Относительные прилагательные — см. *Лексико-грамматические разряды.*

Отрицательные предложения — такие предложения, в которых реальность (или потенциальность) сообщаемого отрицается говорящим. При этом отрицательные предложения употребляются в том случае, когда говорящий знает, что в противоположность ему собеседник (читатель) предполагает существование отрицаемого факта в действительности. Отрицательное значение обычно выражается с помощью частиц **не** и **ни**: « — *Цель вовсе не в нашем счастье, а в чем-то более разумном и великом»* (Ч.). Говорящий знает, что собеседник уверен в том, что «цель — в нашем счастье».

Если отрицательная частица относится к сказуемому, то предложение имеет общеотрицательное значение: «*Прохор... за всю дорогу ни разу не заговорил с Григорием»* (Шол.). В случае употребления отрицания при других членах, предложение имеет частноотрицательное значение: «*Масла уже оставалось не более половины...»* (Куприн).

Отрицание может быть выражено вопросительно-утвердительным по форме предложением: *Разве так поступают?*

П

Падеж — это словоизменительная грамматическая категория, которой в русском языке обладают именные части речи — существительное, прилагательное, числительное, местоимение и атрибутивная глагольная форма — причастие.

С помощью падежных форм существительных выражаются различные отношения предметов к действиям и признакам или одних предметов к другим. Например, формой И. п. обозначается действующее лицо, а с помощью В. п. — предмет, на который направлено действие: *Ученик читает книгу.*

В русском языке шесть падежей, каждый из которых отвечает на определённый вопрос: И. п. — кто? что?

Р. п. — кого? чего?

Д. п. — кому? чему?

В. п. — кого? что?

Т. п. — кем? чем?

П. п. — о ком? о чём?

Образцы изменения по падежам слов различных частей речи — см. в *Приложениях.*

Паронимы — см. *Омонимы.*

Парцелляция — намеренное интонационное и пунктуационное расчленение предложения. Парцелляция используется автором речи с целью придать отделяемой части предложения особую значимость, подчеркнуть, усилить ее значение. Грамматические связи отделяемой части с членами предложения, от которого она отделена точкой, обычно сохраняются.

Парцелляции может быть подвергнут любой второстепенный член предложения или придаточное: *«В дверь стучали. Властно и повторно»* (Булгаков); *«Ели чисто мексиканские вещи. Сухие, пресные-пресные, тяжелые лепешки-блины»* (Маяк.); *«Что бы стоило Леве сказать, что мы ждали на улице своих любимых родителей. Что мы продрогли, но ждали!»* (Алексин).

Отделяться парцелляцией может и сочиненный компонент (чаще при нарушении обычного порядка слов): *«Чувства ответственности ему не хватает. И самоуважения»* (Кетлинская).

Переходные глаголы — такие, которые обозначают действие, направленное на какой-либо предмет (объект), причём название этого предмета может быть поставлено в форму В. п. без предлога. Например, глагол *смотреть* — переходный, потому что при нём может быть название объекта, на которое направлено действие, в форме В. п. без предлога: *смотреть журнал, кинокартину,* и т. п.

Глаголы, при которых нет и не может быть существительного — названия объекта в В. п. без предлога, называются непереходными.

Переходность и непереходность — это качества, исторически изменчивые. Так, глагол «следить» в литературе XIX в. употреблялся как переходный: *«...он следил кочующие караваны в пространстве брошенных светил»*

(М. Лермонтов, «Демон»). Сейчас сочетаемость глагола «следить» иная: мы сказали бы — следил за караванами.

От переходных глаголов образуются формы страдательного залога, а от непереходных не образуются (см. *Залог*).

Период — сложная синтаксическая конструкция, состоящая из двух частей, первая из которых произносится с повышающейся интонацией и убыстренным темпом, вторая же (после паузы) произносится с резким понижением тона и замедленным темпом. Первая часть периода состоит из двух или нескольких компонентов, ритмичность которых поддерживается их одинаковым синтаксическим строением, разнообразными повторами и т. п.

По своему синтаксическому строению период разнообразен. Чаще всего это сложноподчиненное предложение с однородными придаточными: «*Когда все кругом потихоньку указывают друг другу на знаменитого человека, / когда почтительно прислушиваются к каждому его слову, / гордятся и хвалятся знакомством с ним, // то очень много нужно душевной силы, чтобы не стать суетным, тщеславным*» (Вересаев). Это трехчленный временной период, в котором интонация резко понижается, начиная со слова «то».

Схема периода такая: /// || —

Однако период может соответствовать и простому распространенному предложению: «*Обезумевшие лошади бешено рванули, / смяли, / опрокинули, / разметали конных / / и, вырываясь из худой сбруи, в ужасе храпя, понеслись по шоссе*» (Серафимович).

Плеоназм — речевая ошибка, состоящая в многословии; выражение, содержащее однозначные и тем самым излишние слова, например: «была свободная вакансия» («вакансия» уже включает в себя понятие «свободная»; вакансия — это свободная, незанятая должность); «каждая минута времени» («минута» всегда связана с понятием времени), «своя автобиография» (в слове «автобиография» уже содержится понятие «своя»), «впервые знакомиться» (знакомиться — это значит «впервые встречаться»), «промышленная индустрия» (индустрия — то же, что промышленность).

Побудительные предложения — это предложения, содержанием которых является побуждение собеседника к действию. В побудительном предложении обычно один главный член — сказуемое, выраженное глаголом в форме повелительного наклонения: *Встаньте в ряд!* В таких предложениях часто используется обращение, называющее лицо или предмет, к которому обращается говорящий (пишущий): «*Спой, светик, не стыдись!*» (И. Крылов). Побудительные предложения могут начинаться частицами **пусть, пускай,** если обращаются к 3-му лицу или к предмету: *«Пусть сильнее грянет буря!»* (М. Г.); *«Пускай приезжают к вам званые гости!»* (М. Исаковский). Иногда побуждение может быть выражено предложением со сказуемым — неопределенной формой глагола *(Не возражать!)*, формой сослагательного наклонения *(Вы бы лучше книжку почитали!)*.

Повествовательные предложения — это тип предложений, содержанием которых является сообщение о каком-либо событии, ситуации.

Повествовательное значение выражается только интонацией: понижением тона в конце предложения. Оно не имеет специальных показателей повествовательного значения: «*Дул сырой, холодный ветер*» (Ч.); «*Весь следующий день Герасим не показывался*» (Тург.).

Подлежащее — главный член двусоставного предложения, обозначающий предмет речи и отвечающий на вопросы Им. п. — *кто? что?*

Наиболее часто подлежащее выражается существительным или местоимением в Им. п.: «*День выдался жаркий*» (В. Петров); «*Я посмотрел в другую сторону*» (В. Петров).

Место подлежащего может занимать любая часть речи, употребленная в роли существительного (прилагательное, причастие, числительное): «*Пеший конному не товарищ*» (Посл.); «*Семеро одного не ждут*» (Посл.); «*Провожающие после звонка покинули вагон*». Иногда подлежащее может быть выражено инфинитивом. При этом инфинитив обычно легко заменить существительным в Им. п.: *Учиться всегда полезно. Ср.: Учение всегда полезно; Плыть по реке — одно удовольствие. Ср.: Плавание по реке — одно удовольствие.*

Подлежащее может быть выражено цельным словосочетанием, где главное слово стоит в Им. п.: «*Старик с мальчиком шли по берегу моря*» (Купр.).

Каждый из нас стремится иметь верного друга; Трое ребят отправились на рыбную ловлю.

Изредка в роли подлежащего употребляются наречия, междометия: «*Далече грянуло «ура!»*» (Пушкин); «*Завтра всегда не похоже на сегодня*».

Подчинительные союзы — служебные слова, которые не являются членами предложения и служат для присоединения придаточного к главному или другому придаточному предложению.

Значение союза обычно совпадает со значением придаточного. Ср.: Ученик вошел в класс, <u>когда</u> прозвенел звонок (придаточное времени); Ученик вошел в класс, <u>так как</u> прозвенел звонок (придаточное причины); Ученик вошел в класс, <u>хотя</u> прозвенел звонок (придаточное уступительное). Замена подчинительного союза резко меняет вид придаточного. В большинстве случаев достаточно определить значение союза, чтобы узнать тип придаточного предложения.

Выделяются разряды подчинительных союзов по значению:

1. Условные — **если (бы), раз, ли—ли, когда (=если)** и др.
2. Целевые — **чтобы, для того чтобы, с тем чтобы.**
3. Причинные — **так как, потому что, оттого что, ибо, вследствие того что, ввиду того что, благодаря тому что** и др.
4. Уступительные — **хотя, несмотря на то что, правда, пусть, пускай.**
5. Временные — **когда, пока (не), едва, лишь только, как только, с тех пор как, до тех пор как** и др.
6. Сравнительные — **как, будто, словно, точно, как будто.**
7. Следственные — **так что.**

В каждой группе союзов есть один союз, который в сложноподчиненном предложении можно употребить вместо любого другого союза данной группы. Таков союз «если» в группе условных союзов, союз «хотя» — в группе уступительных, союз «так как» в группе причинных и т. д. Ср.: *Вследствие того, что все семена взошли, урожай ожидался хороший* (Так как все семена взошли, урожай ожидался хороший). Или: *Юноша вынес ребенка из огня, несмотря на то что ему пришлось рисковать жизнью* (Юноша вынес ребенка из огня, хотя ему пришлось рисковать жизнью).

Порядок слов в предложении — это расположение членов предложения по отношению друг к другу. Подлежащее, выражающее тему (данное, известное), ставится перед сказуемым, согласованное определение перед определяемым существительным, несогласованное — после него; обстоятельство образа действия — перед сказуемым, остальные обстоятельства и дополнения — после него. Такой порядок слов называется прямым: «Все *вокруг* бесшумно сияло, искрилось от *морозного света*» (В. Белов).

В речи прямой порядок слов часто нарушается. Такое нарушение называется инверсией. Главной для порядка слов в русском языке является его коммуникативная функция: именно она помогает осуществлять членение предложения на данное (известное) и новое (рему) и оформлять связь его с предшествующим текстом. Если роль данного (темы) выполняет подлежащее, то порядок слов — прямой. Если сказуемое, дополнение или обстоятельство, то обратный: «... Я молчу, глядя в даль моря. На воде все больше *серебряных* пятен от *лунных* лучей.» (М. Г.); «...С западного горизонта надвигалась сплошная светло-серая туча. От тучи тянуло *влажным дождевым* воздухом» (Л. Н. Т.). Иногда обратный порядок слов выполняет стилистическую роль, подчеркивая смысловую значимость необычно расположенных членов предложения: «От ликующих, праздноболтающих, обагряющих руки в крови уведи меня в стан *погибающих за великое дело* любви» (Н.); «По дороге, *зимней, скучной*, тройка борзая бежит» (П.).

Наличие согласованных определений после определяемых существительных служит акцентации их значения.

Обратный порядок слов часто используется в общевопросительных предложениях: «Пойдете вы завтра в театр?». Ср.: «Вы завтра пойдете в театр». Таким образом порядок слов — одно из синтаксических средств, отличающих вопросительное предложение от повествовательного.

Предлоги — это служебные слова, которые уточняют падежные формы имени, указывают на отношение имён к другим словам в предложении и вместе с именами выражают различные отношения — пространственные, временные, причинные, целевые и т. д. Важную роль предлогов в языке можно проиллюстрировать таким примером. Представим предложение: *Книга лежит столе*. В этом предложении не хватает предлога, поэтому связь между словами «лежит» и «столе» нарушена. И только если подставить предлог — «в» или «на», — предложение становится понятным. *Книга лежит в столе* — здесь предлог указывает на то, что предмет находится внутри; *Книга лежит на столе* — предлог указывает на то, что книга — на поверхности (стола). Однако сами по себе предлоги «в» и «на» не передают пространственных значений; эти значения появляются у предлога только в словосочетании или предложении.

Тем не менее предлоги можно разделить по значению, на которое они указывают:

1. Есть группа пространственных предлогов, указывающих на место: **в, на, из-за, из-под, вокруг, у, к, над, под** и др.

2. Временные предлоги — **через, до, с, перед, в течение, в продолжение.**

3. Причинные предлоги: **по, от, вследствие, из-за, ввиду.**

4. Целевые предлоги: **для, ради, из-за.**

5. Изъяснительные предлоги, указывающие на предмет, на который направлено действие: **о, об, про, насчёт.**

Среди предлогов, как и среди знаменательных частей речи, возможна омонимия: формально один и тот же предлог может служить для выражения разных значений. Ср.: *Из-за леса выглянуло солнце* (место), *Он работает только из-за денег* (цель). Предлог «на» может выражать пространственные, временные и целевые значения: *лежать на диване, зайти на минутку, остановиться на ночлег.*

По происхождению предлоги делятся на две группы: непроизводные (**в, на, за, у, к, с, от, по, до** и под.) и производные, то есть образованные от других частей речи (**в течение, в продолжение, вследствие, благодаря, вокруг, согласно** и под.).

Есть предлоги, которые употребляются только с одним падежом. Так, предлог «к» употребляется с дательным, «над» — с творительным падежом. Другие предлоги употребляются с несколькими падежами: «с» употребляется с родительным, винительным, творительным, «о» — с винительным и предложным, «в» — с винительным и предложным падежами. Употребляясь с разными падежами, предлог, как правило, служит для выражения различных значений. Именительный падеж не имеет предлогов, а предложный падеж используется только с предлогами.

Предложение — основная единица синтаксиса, так как в предложении оформляется мысль, которую говорящий или пишущий хочет сообщить собеседнику или читателю. Предложение выполняет коммуникативную роль сообщения информации и воздействующую роль.

Предложение строится из словоформ и использует при своем построении порядок слов, служебные слова, интонацию. Так, предложение *Грянул гром* состоит из подлежащего—существительного и глагола—сказуемого (при главной роли первого), показателя отнесенности события к прошедшему времени, и характеризуется смысловой и интонационной законченностью (понижением тона голоса в конце).

Предложение сообщает об определенной ситуации, событии, но может побуждать собеседника к действию или требовать от него ответа на вопрос: «*Скажи мне всю правду, любимец богов...*» (П.); «*Что же ты, моя старушка, приумолкла у окна?*» (П.).

По количеству грамматических основ предложения делятся на простые (с одной основой) и сложные (с двумя и более грамматическими основами): «<u>Шалун</u> уж <u>заморозил</u> пальчик: ему и <u>больно</u> и <u>смешно</u>, а <u>мать</u> <u>грозит</u> ему в окно» (П.).

Придаточные времени выражают события, которые совершаются одновременно с событием, представленным в главном предложении, предшествуют ему или следуют за ним.

Самым распространенным в них является союз **когда**, который может передавать и одновременность, и последовательность действий: «*Когда я писал этот рассказ, я все время старался сохранить в себе ощущение холодного ветра с ночных гор*» (Пауст.); «*Солнце уже поднялось, когда он открыл глаза*» (Гаршин).

Другие же союзы могут выражать лишь одно значение — одновременности или последовательности. Одновременность выражают союзы **пока, в то время как** и др.: *Ребенок играл, в то время как мать занималась своим делом.* Союзы **пока не, до тех пор как, с тех пор как, едва, как, как только, лишь только, только** и др. указывают на последовательность действий: «*Прошло слишком много времени, с тех пор как они разлучились*» (Фед.); «*Итак, родная, вот уже четверть века, как мы с тобою за руки взялись*» (И. Сельвинский).

Союзы **едва, как только, лишь только, только** передают быструю смену явлений: события меняются быстрее, чем ожидал говорящий. Например: «*Дверь была закрыта, но отворилась легко, едва он нажал*» (Фед.). При этом наречие-союз *едва* иногда может быть в середине придаточного: «*Девицы чинно едва за блюдечки взялись, вдруг из-за двери залы длинной фагот и флейта раздались*» (П.).

Придаточное времени зависит от глагола главной части и отвечает на вопрос *когда?*

Чтобы отличить придаточное с союзом **когда** от других придаточных (с союзным словом **когда**), надо обращать внимание, к какому слову относится придаточное и на какой вопрос отвечает. Например: «*И наконец наступает тот час, когда сказка ложится на бумагу*» (Пауст.). Придаточное здесь зависит от слова «час» и отвечает на вопрос *какой?* Следовательно, придаточное — определительное. Другой пример: *Мы долго вспоминали, когда произошла наша последняя встреча.* Вопрос задаем от слова «вспоминали» — «о чем вспоминали?». Следовательно, придаточное — изъяснительное (дополнительное).

Придаточные изъяснительные отвечают на вопросы именительного или косвенных падежей. Особенностью сложноподчинённых изъяснительных предложений является то, что главное предложение обозначает в них не факт внешней объективной действительности, а лишь психическую оценку (мысль, чувство, речь по поводу того события, о котором сообщается в придаточном). Поэтому изъяснительные придаточные относятся в главном предложении только к словам: 1) восприятия (*слышать, видеть, заметить* и др.); 2) мысли (*думать, понять, знать, решить* и др.); 3) чувства (*радовать, гордиться* и др.); 4) речи (*говорить, сказать, написать, рассказать* и др.). Например: 1) *Я услышал, что в соседней комнате хлопнула дверь;* 2) *«Известно, что слоны в диковинку у нас»* (Кр.); 3) *Я рад, что снова вижу вас;* 4) *По радио сообщили, что завтра наступит оттепель.*

Изъяснительные придаточные могут относиться не только к глаголам, но также к наречиям, прилагательным, существительным. В том случае, когда придаточные относятся к существительному, их надо отличать от придаточных определительных, в которых любое союзное слово может быть заменено словом «который»: *Мысль, что отец долго не возвращается, беспокоила ребят* и *Мысль, что (которая) волновала меня вчера, беспокоит меня и сегодня.* Во втором случае придаточное определительное отвечает на вопрос «какая мысль?».

В отличие от определительных придаточных, которые присоединяются к главному только союзными словами, изъяснительные могут присоединяться и союзами: 1) **что, как**: *«Казалось, какие-то громадные силы угрюмо покоились в нем, как бы зная, что, сорвавшись раз на волю, они должны разрушить себя»* (Тургенев); 2) союзом **чтобы,** если придаточное выражает либо побуждение, либо пожелание: *Старайтесь, чтобы при переписывании текста у вас не было ошибок;* 3) союзными словами, если придаточное выражает вопрос: *«Трудно было решить с первого раза, к какому сословию принадлежал этот Геркулес»* (Тургенев).

Придаточные места указывают на место действия главного предложения и отвечают на вопросы: **где, куда, откуда?** Зависят они от глагола-сказуемого главного предложения.

Придаточное места присоединяется к главному предложению союзными словами **где, куда, откуда.** Им в главном предложении соответствуют слова **там, туда, оттуда:** *«Вдруг там, где прибой швыряет свои белые фонтаны, поднялся орел»* (Пришв.); *«Откуда ветер, оттуда и тучи»* (Л.). Иногда придаточное места может относиться к знаменательному слову — наречию: *«Настасья посмотрела туда, вперед, где заранее была намечена межа»* (Г. Николаева).

Союзные слова **где, куда, откуда** могут присоединять также придаточные определительные и изъяснительные: *«А рядом, у речки, такие леса, где эхо все лето хранит голоса»* (А. Гусев). Придаточное здесь отвечает на вопрос *какой?* и является определительным. Другой пример: *«Быть может, и сама она еще не хочет знать, откуда в теплом золоте взялась такая прядь»* (Мартынов). Придаточное относится к глаголу мысли «знать», отвечает на вопрос косвенного падежа «Не хочет знать чего?» и является изъяснительным (дополнительным).

Придаточные обстоятельственные — это придаточные, которые отвечают на те же вопросы, что и обстоятельства.

В центре обстоятельственных сложноподчинённых предложений находятся предложения, значение которых так или иначе связано с отношениями причины и следствия. Это предложения с придаточными причины, следствия, уступки, условия, цели. В силу известной близости значений их легко перепутать друг с другом. Однако каждая из этих разновидностей характеризуется своими союзами (придаточное следствия — союзом **так что**, цели — союзом **чтобы** и т. д.). Каждая из этих разновидностей сложноподчинённого предложения имеет и свои отличия в значении. Так, сложноподчинённое причинное предложение выражает отношение двух событий, одно из которых (с точки зрения говорящего) закономерно порождает другое: «*Машина засветила фары, потому что в лесу уже стемнело*» (Г. Николаева).

Сложноподчиненные предложения следствия передают те же отношения, но причина в них выражена в главной, а не в придаточной части: *В лесу уже стемнело, так что машина засветила фары*. То, что было главным предложением в первом случае, здесь стало придаточным.

Уступительные сложноподчинённые предложения также по смыслу связаны с причинными. Но следствие здесь прямо противоположно по смыслу тому, что закономерно вытекает из содержания придаточного: *Хотя в лесу уже стемнело, машина не засветила фары*. Говорящий ждет закономерного следствия придаточного (машина засветила фары), но оно не осуществляется.

Обстоятельственные придаточные цели также близки к причиненным, но в качестве причины здесь выступает желание деятеля в главном предложении, чтобы осуществилось действие придаточного: *Он приехал в Ростов, чтобы поступать в институт*. Ср.: *Он приехал в Ростов, так как хотел поступить в институт*.

Обстоятельственные придаточные условия тоже передают причину, но такую, в осуществлении которой не уверен говорящий: *Если брат поступил в институт, он скоро нам об этом напишет*. Ср.: *Так как брат поступил в институт, он скоро нам об этом напишет*.

Кроме того, к обстоятельственным относятся придаточные места, времени, сравнения, образа действия.

Придаточные определительные относятся к имени существительному, отвечают на вопросы *какой?, чей?* и синонимичны определению в простом предложении. Присоединяются к главному они союзными словами **который, какой, чей, где, куда, когда** и др. Слова **где, когда** могут присоединять и придаточные места или времени. Но в определительных придаточных можно заменить эти союзные слова союзным словом **который**: *Дом, где родился Чехов, превращен в музей.* И ср.: *Дом, в котором родился Чехов, превращен в музей.* Союзные слова в определительном придаточном замещают определяемое ими существительное, названное в главном. Чтобы определить, каким членом предложения являются слова **который, какой,** надо поставить вместо них взятое из главного предложения замещаемое ими существительное. Например: *Дом, в котором родился Чехов,* — в доме родился Чехов. «В котором» (в доме) отвечает на вопрос **где?** и является обстоятельством. Таким образом, союзное слово **который** в предложном падеже не является определением к слову «дом», хотя и согласуется с ним в роде и числе (но не в падеже); в приведенном примере союзное слово согласуется со словом «дом» в мужском роде и единственном числе.

В главном предложении может быть указательное слово, которое вместе с придаточным выделяет предмет или лицо, названное определяемым существительным из ряда однородных предметов или лиц: *Я схватился за ту ветку, которая была ближе ко мне.* Иногда в предложениях с таким значением указательное слово может быть опущено: *Я схватился за ветку, которая была ближе ко мне.* Но его всегда можно вставить.

Определительные придаточные могут присоединяться союзным словом **какой.** Они в этом случае передают качественную, образную характеристику предмета или лица: *На ней была надета шляпа, каких сейчас уже давно не носят.*

Определительному придаточному с союзным словом **какой** может соответствовать в главном предложении указательное слово **такой**: «*Я почувствовал себя в таком же естественном соприкосновении с непосредственной средой, в каком я был с моим русским прошлым*» (В. Набоков). Придаточное определительное может отделяться от определяемого слова другими словами, зависящими от него: «в соприкосновении с непосредственной средой, в каком я был...». Союзное слово **какой** согласуется в роде, числе с подчиняющим существительным, но падеж его определяется его ролью в придаточном предложении.

Местоименно-определительные придаточные (в школьном учебнике русского языка В. В. Бабайцевой и Л. Д. Чесноковой их относят к подлежащным или дополнительным в соответствии с синтаксической ролью местоимений) поясняют в главном предложении местоимения **тот, весь, каждый** и предполагают опущенное определяемое ими существительное: «*Кто весел, тот* (человек) *смеется*» (Л.-К.); *Все* (люди), *кто посетил выставку, были от нее в восторге.*

Придаточные присоединительные — это придаточные, которые сообщают какие-то дополнительные сведения по поводу информации, изложенной в главном предложении. Присоединяются они к главному предложению союзным словом **что** в разных его формах. Союзное слово при этом как бы вмещает в себя содержание главной части и имеет указательное значение, близкое к значению местоимения **это**: «*Пасха уже прошла, о чем я только узнала!*» (З. Шаховская).

Такие сложноподчинённые предложения синонимичны сложносочиненным со словом «это» во второй части:

Приехал отец, что всех обрадовало и ср.: *Приехал отец, и это всех обрадовало.*

Придаточные причины передают причину события, выраженного в главной части и закономерно порожденного ею. Они присоединяются к главному предложению союзами **так как, потому что, ибо, оттого что, вследствие того что, в связи с тем что, ввиду того что** и др.: «*Еще до восхода солнца лужи стали оттаивать, так как пришло настоящее тепло*» (В. Петров). Некоторые причинные союзы способны члениться на две части, одна из которых оказывается в главном предложении и имеет значение обстоятельства причины: *Первый луч солнца потому преобразил всю природу, что вернул ей все ее краски.* Главное предложение в таких случаях выражает тему высказывания, и новую информацию (рему) несет придаточное.

Любой из многочисленных причинных союзов синонимичен союзам **потому что, оттого что.**

Придаточные следствия выражают закономерный результат, следствие того, о чем сообщается в главном предложении. Они присоединяются к главному предложению союзом **так что:** «*Сужение сосудов заставляет расширяться другие, более тонкие сосуды сердца, так что уменьшения притока крови в ткани не происходит*» (А. Уголев).

В главном предложении в этом случае сообщается о причине того события, о котором говорится в придаточном, и все сложноподчинённое предложение следствия соотносится по смыслу со сложноподчинённым предложением причины: *Пошел дождь, так что матч не состоялся.* Ср.: *Матч не состоялся, так как пошел дождь.*

Придаточные сравнительные выражают сравнения явления, события с другим событием на основании их сходства. Они присоединяются к главному предложению союзом **как, подобно тому как,** если выражают простое уподобление двух событий: *«Шел Самгин осторожно, как весною ходят по хрупкому льду реки»* (М. Г.). Как правило, действие в таком придаточном представлено как обобщенное.

Придаточные с союзами **точно, как будто, словно, будто** передают сравнение с воображаемым событием, при этом сравнение обычно осложнено причинным оттенком: *«На дворе гнулась и металась акация, как будто сердитый ветер трепал ее за волосы»* (А. Н. Т.).

Особую группу представляют собой сравнительные предложения, в главном предложении которых налицо сравнительная степень прилагательного или наречия, требующая придаточного с союзом **чем:** *«В твоем сознании заключено гораздо больше мыслей и чувств и поэтической силы, чем ты предполагал»* (Пауст.).

Иногда, вместо сравнительной степени, в главном предложении могут быть слова: **другой, иной, иначе** и др.: *«Когда я впервые попал в Крым, то он, конечно, оказался совсем другим, чем я о нем думал»* (Пауст.).

Придаточные условия — это придаточные, которые отвечают на вопрос «при каком условии?» и присоединяются к главному предложению союзами **если (бы), когда** (в значении **если), раз,** а также стилистически окрашенными союзами **коли, ежели, кабы** и др. В главном предложении им может соответствовать частица (коррелят) **то,** но она необязательна: *Если завтра не будет дождя,* (то) *матч состоится.* Придаточные условные передают причинную зависимость, но она альтернативна, так как события, с точки зрения говорящего, представлены здесь не как реальные, а как возможные (они могут осуществиться, а могут и не осуществиться): *Если в лесу стемнеет, машина засветит фары* (т. е. машина, может быть, засветит фары, а может быть и нет). Другой пример: *«Если (когда) поэт живет в ладу со своим родным языком..., силы поэта удесятеряются»* (Маршак).

При условном союзе **«раз»** также налицо оттенок альтернативы, предположения: *Раз ты пришел ко мне, я должен тебе помочь* (говорящий предполагал, что собеседник мог и не прийти к нему).

Иногда придаточное присоединяется составным союзом **в случае если**: *«Степан грозил сам прийти в Вешенскую, в случае если Аксинья не явится в сотню»* (Шолохов). Сравните с причинным предложением, где альтернатива отсутствует: *Степан грозил сам прийти в Вешенскую, так как Аксинья не явилась в сотню.*

Союз **если бы** может вносить оттенок не осуществленного в прошлом действия: *Если бы он пришел вчера, мы бы встретились.*

Придаточные уступки передают событие, вопреки которому осуществляется то, о чем говорится в главном предложении. С точки зрения говорящего, это событие должно было быть причиной явления, прямо противоположного сообщаемому в главном предложении: *«Часов в восемь дождь перестал, хотя небо было по-прежнему хмурое»* (Арс.); *«В степи было пасмурно, несмотря на то что солнце поднялось»* (Ч.). — Говорящий ожидает прямо противоположного следствия: *Раз солнце поднялось, не должно быть пасмурно.*

Придаточные уступки присоединяются к главному предложению союзами **хотя (хоть)**, несмотря на то что, пусть (пускай), правда: *«Пускай еще не высохли чернила, словам уже бессмертие дано»* (Щипачев), *«Я долго смот-*

рел в окно, хотя уже не видно было ни мамы, ни платформы» (Пауст.).

Особую группу составляют обобщенно-уступительные придаточные, присоединяемые к главному сочетаниями союзных слов с усилительной частицей **ни** (**что ни, куда ни, как ни** и др): *«Сколько бы ни ездили по России, невозможно найти две совершенно одинаковые по архитектуре церкви»* (В. Солоухин); *«В каком бы часу я ни лег, в пять глаза открываются сами»* (Сельвинск.); *«Что ни делается на свете, все к лучшему...»* (Пришвин); *«Куда ни ехать, лишь бы не домой»* (Тург.).

Придаточные цели обозначают цель, ради которой осуществляется действие главного предложения. Придаточные цели похожи по смыслу на придаточные причины.

Они, действительно, близки к ним по значению, но в качестве причины в них выступает не реальный факт, а только желание действующего лица главной части, чтобы осуществилось действие придаточного: *«Чтобы чувствовать себя тверже, я перед операцией поспал больше обычного»* (Сим.). Ср.: *Так как я хотел чувствовать себя тверже, я перед операцией поспал больше обычного.* Целевые предложения обычно синонимичны причинным, где в качестве причины выступает желание осуществить действие, которое выражено в придаточном цели: *«Я старался казаться веселым и равнодушным, дабы (чтобы) не подать никакого подозрения»* (П.). Ср.: *Я старался казаться веселым и равнодушным, так как хотел не подать никакого подозрения.*

Близость придаточных цели к причинным проявляется, в частности, в том, что на вопрос *почему?* можно получить от собеседника ответ в форме придаточного цели: *« — Почему ты, ворон, вечно возле кладбища живешь? —*

Чтоб не очень одинокий был и ты, когда умрешь» (И. Шкля-ревский).

Придаточное цели присоединяется к главному предложению союзом **чтобы, дабы** — арх., а также образуемыми с его участием составными союзами **с тем чтобы, для того чтобы, затем чтобы.** При этом первая часть составного союза может находиться в составе главного предложения: *Мы для того учимся, чтобы стать образованными людьми.*

Прилагательное (имя прилагательное) — это самостоятельная часть речи, которая обозначает признак предмета, имеет непостоянные признаки рода, числа и падежа и в предложении чаще всего выступает в роли определения. Прилагательное как часть речи имеет черты, сближающие его с существительным (это отражается и в названиях — имя существительное, имя прилагательное), а также свойства, отличные от свойств существительных. Главное морфологическое различие связано с родом: у существительного род — постоянный признак, существительное по родам не изменяется, а у прилагательного род — переменный признак. Значения рода, числа и падежа у прилагательного не самостоятельные, прилагательное получает их, согласуясь с существительным, к которому относится.

Начальная форма прилагательного — это Им. п., ед. ч., м. р.

Как и существительные, прилагательные имеют лексико-грамматические разряды. Их три: качественные, относительные и притяжательные прилагательные. Эти разряды отличаются друг от друга как по лексическому значению, так и по особенностям формоизменения. (См. *Лексико-грамматические разряды.*)

В предложении прилагательное чаще всего бывает определением, однако может выполнять и другие функции, например — подлежащего и сказуемого: *Голубое мне к лицу* или *Небо сегодня голубое.*

Приложение — это определение, выраженное существительным, которое характеризует предмет (или лицо), давая ему другое название.

Приложение указывает на признак предмета (или лица), характеризуя его по внешнему виду, по степени родства, профессии, национальности и т. д.: *«Из-за леса, леса темного подымалась красна зоренька, рассыпала ясной радугой огоньки-лучи багровые»* (Есенин). Между нарицательным именем существительного и одиночным приложением, также нарицательным именем, всегда ставится черточка.

При сочетании нарицательных и собственных имен, если имя собственное называет лицо, приложением является нарицательное существительное: *«Костю взял к себе мельник Панкрат»* (Пауст.). Если же имя собственное — название предмета, то оно является приложением: *«Крейсер «Варяг» один сражался против целой неприятельской эскадры»* (Нов.-Прибой).

Приложение — имя собственное часто несет более важную информацию, чем определяемое слово: *Город Таганрог известен всему миру, так как в нем родился и жил великий Чехов.*

Приложение выделяется запятой, если относится к личному местоимению:

«Края Москвы, края родные...
И вы их видели, врагов моей отчизны,
И вас багрила кровь и пламень пожирал»

(П.);

«Она, бабушка, любила *лес*».

Обособляются и распространенные приложения после определяемого слова: *«Проплыли Камышин, захолустный деревянный городок с оголенными садами на холмах»* (А. Н. Т.).

Если приложение стоит в конце предложения, то перед ним вместо запятой часто ставится тире: «Впереди шли начальник экспедиции, геолог — мой товарищ».

Приложение с союзом **как** обособляется, если имеет обстоятельственное значение: *«Как опытный летчик, Бабушкин не побоялся совершить посадку при очень сложных полярных условиях»* (Г. Ушаков). Ср.: *Бабушкин не побоялся совершить посадку, так как был опытным летчиком.*

Примыкание — способ подчинительной связи, при котором зависимое слово — неизменяемое, и связано оно с главным по смыслу и интонацией. Примыкают наречия, деепричастия, неопределенная форма глагола, сравнительная степень прилагательного: *Желание учиться никогда не оставляло его.* В данном предложении примыкание «желание учиться» и «не оставляло никогда». Примыкание от других видов связи слов отличается тем, что примыкают слова и формы слов, которые в русском языке являются неизменяемыми. Выступая в роли зависимых, они всегда связаны с подчиняющим словом по способу примыкания: *Жара начала понемногу спадать, природа стала поживее.* В данном предложении сочетания «начала спадать», «спадать понемногу», «стала поживее» представляют собой примеры примыкания.

Приставка — значимая часть слова, которая стоит перед корнем и присоединение которой меняет значение слова или его форму: «город — пригород» (находящийся вблизи города), «везти — перевезти» (преодолеть преграду, расстояние) или «делать — сделать», где приставка меняет форму вида глагола на совершенный, но не меняет значение глагола.

Присоединение приставки может менять форму слова, но никогда не меняет части речи, к которой относится производящее слово: «бежать — пробежать», «красавица — раскрасавица».

Приставки не бывают нулевыми. Они могут участвовать в образовании слов в комбинации с суффиксами: окн|о| — подокон|ник| |, смысл| | — бессмыслиц|а|, берег| | — прибрежн|ый|.

В слове может быть не одна, а две и более приставки: «переподготовка, понаподписывал».

Приставки могут иметь несколько значений. Так, приставка «при» имеет значение приближения, присоединения — «пристроить», значение неполноты действия — «приоткрыть», нахождения вблизи чего-либо — «пригород, пригородный».

В некоторых случаях приставки срослись с корнем и в современном русском языке не выделяются: «ответить, привет, завет».

Приставочный способ образования слов — один из наиболее распространенных способов словообразования в русском языке. При этом способе производное и производящее слово относятся всегда к одной части речи: *лететь — вылететь, удивительный — преудивительный, мало —*

немало, товарищ — сотоварищ, грамотность — безграмотность.

Приставочный способ может использоваться при образовании новых слов одновременно с суффиксацией. Таким способом образуются некоторые существительные (*стакан — подстаканник; дом — надомник*); глаголы (*вода — обезводить*), прилагательные (*сердце — бессердечный*), наречия (*старый — по-старому*). Наиболее часто в этом случае используются при образовании существительных суффиксы *-ник, -ок* (*напильник, наконечник, подстаканник; подарок, поводок, подбородок*); глаголы с приставкой *раз-* и суффиксом (постфиксом) *-ся: разговориться, размечтаться, распластаться;* наречия с приставкой *по-* и суффиксами *и, -ому, -ему* (*по-братски, по-осеннему, по-товарищески, по-старому*).

Притяжательные прилагательные — см. *Лексико-грамматические разряды.*

Причастие — это особая форма глагола, которая совмещает в себе значения и признаки двух частей речи — глагола и прилагательного. Причастие обозначает признак предмета по действию: *читающий мальчик* = такой мальчик, который читает. Как видим, уже в значении причастия совмещаются указания на действие и на признак.

Ярким морфемным признаком причастия являются суффиксы: -ущ-(-юш-), -ащ-(-ящ-), -вш-, -ш-, -ем-, -им-, -нн-, -енн-, -т-. Причастия образуются от глагольных основ с помощью этих суффиксов.

Глагольные признаки причастия

Причастия изменяются по временам, но, в отличие от спрягаемых форм, имеют только два времени: настоящее и прошедшее. Причастия настоящего времени образуются с помощью суффиксов **-ащ-(-ящ-)**, **-ущ-(-ющ-)**, **-ем-**, **-им-**, причастия прошедшего времени имеют суффиксы **-вш-**, **-ш-**, **-енн-**, **-нн-**, **-т-**. Причастия бывают действительного и страдательного залога. Действительный залог указывает на признак того предмета, который сам действует (*читающий мальчик*), а страдательный залог называет признак по действию того предмета, который испытывает действие на себе (*читаемая книга*).

Залог и время относятся к изменяемым глагольным признакам причастия.

На образование причастий влияют некоторые характеристики инфинитива. Так, от глаголов совершенного вида не могут образоваться формы настоящего времени причастия (как и вообще глагол совершенного вида не имеет форм настоящего времени). Формы страдательного залога образуются только от переходных глаголов. Поэтому наибольшее количество форм причастий (четыре) может иметь глагол несовершенного вида и переходный. Например: *читать*. Причастия: *читающий, читаемый, читавший, читанный*. А наименьшее количество форм причастий будет у глагола совершенного вида непереходного. Например, от глагола *показаться* можно образовать только одно причастие: действительное прошедшего времени — *показавшийся*.

Тип спряжения тоже влияет на образование причастий. От глаголов I спряжения образуются причастия с суффиксами **-ущ-(-ющ-)**, **-ем-**: *чтающий, читаемый*. От глаголов II спряжения образуются причастия с суффиксами **-ащ-(-ящ-)**, **-им-**: *ненавидящий, ненавидимый*.

Значение возвратности также оказывается значимым при образовании причастий, так как частица **-ся** сохраняется и в причастии: *умываться — умывающийся*.

Таким образом, по инфинитиву можно определить такие важные для причастия характеристики, как вид, переходность, возвратность и тип спряжения.

Признаки прилагательного у причастия

Причастие называют атрибутивной формой глагола, так как оно имеет признаки прилагательного. К ним относятся род, число, падеж. Как и прилагательное, причастие изменяется по родам, причём приобретает род определяемого слова, чаще всего — существительного. Как и у прилагательного, родовые различия стираются у причастия в форме множественного числа. Число и падеж у причастия, как и у прилагательного, не самостоятельные значения, а зависящие от соответствующих значений определяемого слова.

Подобно прилагательным, некоторые причастия (страдательные прошедшего времени) могут иметь краткие формы с теми же характеристиками: краткие формы причастий выступают в предложении в роли сказуемого, они не изменяются по падежам, но изменяются по числам и в единственном числе — по родам: *освещённая солнцем комната — комната освещена солнцем.*

В предложении причастия чаще всего бывают определениями, реже — сказуемыми, и в этом также проявляется их сходство с прилагательными.

Итак, причастие имеет особые свойства и в лексическом значении, имеет особые морфемные показатели, свою систему морфологических форм и синтаксических функций. Именно поэтому причастие иногда считают даже самостоятельной частью речи. Например, такой взгляд на причастие отражён в школьном учебнике русского языка, написанном В. В. Бабайцевой и Л. Д. Чесноковой. Однако то обстоятельство, что причастие изменяется по временам, сближает его с другими глагольными формами, ибо время — самая яркая глагольная категория. Более распространённая точка зрения на причастие состоит в том, что причастие — это особая глагольная форма.

Производная основа — это основа слова, образованного от какого-то другого слова. Она, как правило, членится на значимые части слова: *сон — сонный*. Та основа, от которой образована производная, называется производящей. Слово с производной основой соотносится с вполне определенной производящей основой: *пригород — город, гусыня — гусь*. Однако в некоторых случаях такая соотнесенность оказывается двойственной. Так, например, наречие «нелегко» может быть соотнесено и с прилагательным «нелегкий», и с наречием «легко». В первом случае способ образования производной основы суффиксальный, во втором — приставочный. Подобное наблюдаем при образовании некоторых отвлеченных существительных: слово «закрепление», например, может быть соотнесено и со словом «крепление», и со словом «закреплять».

В состав производной основы могут входить значимые части, которые встречаются в разных словах, но имеют в них одно и то же значение (*учитель, воспитатель, писатель, отправитель, получатель*, где суффикс **-тель** имеет в составе производной основы значение лица, совершающего определенное действие или занимающегося определенной деятельностью). Но кроме того, в составе производной основы могут быть и редко встречающиеся приставки, суффиксы; *паст-ух, люб-овь, су-гроб*.

Прописные буквы — большие, заглавные буквы, отличающиеся от строчных своим размером, иногда начертанием. Прописная буква употребляется в соответствии с определенными правилами. С заглавной буквы пишутся имена собственные: *Волга, Урал, Дон, Ростов, Иван, Иванов, Мария Ивановна.* Прописная буква употребляется в собственных наименованиях, например: *«Война и мир», «Вечерний Ростов», Великая Отечественная война* (причем в собственных наименованиях, состоящих из нескольких слов, с заглавной буквы иногда пишутся не только первые слова, написание таких наименований нужно запомнить).

Прописная буква употребляется в начале текста, после точки и других конечных знаков препинания.

Употребление прописных и строчных букв относится к числу трудностей современной русской орфографии. Так, встречаются двоякие написания: *Большая Советская Энциклопедия — Большая советская энциклопедия, Ростовский Государственный университет — Ростовский государственный университет, Царь-пушка — царь-пушка, Парижская Коммуна — Парижская коммуна.*

Причины подобных колебаний связаны со сложностью самого разграничения понятий «имя собственное» — «имя нарицательное» в ряде случаев. Кроме того, собственные имена, как известно, могут переходить в нарицательные, однако трудно установить, когда именно произошел этот переход. Поэтому возможны написания «молчалины» и «Молчалины» («Молчалины блаженствуют на свете»).

Прописная и строчная буквы могут служить фактором социальной оценки (*он — Человек!*).

Трудные случаи употребления прописной и строчной букв описаны в словаре-справочнике Д. Э. Розенталя «Прописная или строчная?» (М.: Русский язык, 1986). В этой книге представлено около 8 500 слов и словосочетаний.

Просторечие — слова, выражения, формы словообразования и словоизменения, черты произношения и синтаксические конструкции, которые не входят в норму литературного языка. Просторечные элементы имеют оттенки упрощения, сниженности, даже грубоватости. Просторечие — это отклонение от лексических, орфоэпических и грамматических норм литературного языка. Просторечные элементы допустимы в разговорной речи, но совершенно неприемлемы в сфере официального, делового общения. Просторечная лексика (слова типа «брюхо», «пузо», «башка», «рожа»), просторечные формы (типа «инженера́», «ветра́», «сапогов») часто используются в художественной литературе (прежде всего — для речевой характеристики персонажей, не вполне владеющих нормами литературного языка). Но в жанрах официально-делового и научного стиля просторечные элементы недопустимы. Академик Л. В. Щерба говорил: «Если кто-нибудь в серьезной книге напишет — **фагоциты уплетают микробов,** то это будет глупо и неуместно».

Прямая речь — особое синтаксическое построение, целью которого является по возможности точное воспроизведение чужой речи с сохранением ее содержания и формы. Прямая речь включает в себя слова автора, выполняющие роль ввода чужой речи, и чужую (прямую) речь. В роли слов, вводящих чужую роль, чаще всего используются глаголы речи, мысли: *«Век живи, век учись», — говорит русская пословица; «Я ловил здесь рыбу на той самой реке Тьме, о которой Пушкин написал: «…И речка подо льдом блестит» (Н. Старшинов); «Дети, — подумал он, — нуждаются в ласке и внимании».*

В прямой речи сохраняются особенности чужой речи. Поэтому в ней могут быть обращения, междометия, эмоциональные частицы, формы глаголов и местоимений в 1-м или во 2-м лице и др.

Прямая речь может включать не одно, а несколько предложений: «*Что за соседство, — подумал Коля. — Почему рядом с оленьим следом вьется ровной цепочкой лисий?*» (Песков).

Если прямая речь стоит после слов автора, то перед ней ставится двоеточие. Если перед словами автора, то запятая (или другой знак) и тире. Если прямая речь разрывается словами автора, то слова автора выделяются запятыми и тире с двух сторон (если прямая речь — одно предложение).

Пунктуация — система знаков препинания и правил их употребления в письменной речи. Правила пунктуации имеют обязательный характер, и постановка знаков препинания подчиняется определенным нормам. С помощью пунктуации передается смысловое членение написанного и читаемого. Например, фраза послания древнего полководца, одержавшего победу над врагом *«Поставить в честь победы статую золотую чашу держащую»*, в силу отсутствия знаков препинания, была понята не так, как хотел пишущий, — поставили не золотую статую, а каменную с золотой чашей. Таким образом, смысловая роль пунктуации очевидна.

Пунктуация используется и для грамматического членения предложения: «*Вот бегает дворовый мальчик, в салазки Жучку посадив, себя в коня преобразив*» (П.).

Кроме того, с помощью пунктуации передается членение текста, целенаправленность содержания предложения, интонация: «*Скажи-ка, дядя, ведь недаром Москва, спаленная пожаром, французу отдана?*» (Л.).

Р

Распространенное предложение — предложение, в котором налицо два главных члена (подлежащее и сказуемое) или один главный член и присутствуют второстепенные члены предложения. Характеристика предложения как распространенного зависит от того, что включать в состав его главных членов. Так, предложения с разным порядком слов могут характеризоваться по-разному:

1) *Был жаркий день.* 2) *День был жаркий.* В первом предложении слово «был» не является связкой, этот глагол выражает событие. Предложение распространено за счет определения «жаркий». А во втором предложении «был» — это связка в составе именного составного сказуемого «был жаркий», и это предложение нераспространенное.

Распространенность предложения не зависит от его количественного состава. Так, предложение *«Поэтом можешь ты не быть, но гражданином быть обязан»* (Н.) содержит только подлежащее «ты» и два однородных составных сказуемых и, несмотря на то, что в нем 9 слов, является нераспространенным. То же в предложениях: *Платья были с кружевами* и *Дети были с матерью*. Первое предложение нераспространенное, так как «были с кружевами» — именное сказуемое, а «были» — связка. Во втором же примере «были» имеет значение «находились», и предложение это распространенное.

Речевой такт — это часть фразы, ограниченная в устном произношении паузами и характеризующаяся интонацией незаконченности. Напрмер:

«Вагоны шли привычной линией, //

Подрагивали и скрипели; //

Молчали // желтые и синие.

В зелёных // плакали и пели» (А. Блок)

Перед нами три простых предложения; каждое из них делится по смыслу и интонационно на два речевых такта, между которыми обязательна пауза, остановка звучания.

Речевой такт — понятие звуковой системы, он выделяется фонетическими средствами, паузой и интонацией. Выделение речевых тактов имеет прямое отношение и к выражению содержательной стороны языка. От характера членения фразы на речевые такты часто зависит смысл фразы. Например, сравним: «Очень удивили ее // слова отца» и Очень удивили ее слова // отца. В первой фразе «её» — прямое дополнение; во второй «её» — несогласованное определение. Как видно из первого примера, речевой такт может совпадать с отдельным словом. Но обычно в речевом такте объединяются несколько слов, в том числе и оба главных члена предложения.

Речевой этикет — правила речевого поведения, основанные на национальных и интернациональных традициях. Эти правила реализуются в системе устойчивых формул, соответствующих условиям вежливого контакта с собеседником. Этикетные формы соответствуют различным ситуациям — таким, как встреча, знакомство, прощание, извинение, благодарность, просьба, приглашение к столу и др. Этим ситуациям сопутствуют слова и выражения типа: *Здравствуйте!*

Разрешите представить... До свидания. Извините. Спасибо. Не могли бы вы... Будьте так любезны... Прошу к столу, и под.

Средства речевого этикета образуют синонимические ряды, где всегда есть главное слово (доминанта), пригодное для большинства аналогичных ситуаций. Например, слово «здравствуйте» более всех других уместно как приветствие. А выражения типа «привет!», «салют!» возможны только в ситуации близкого, дружеского общения. Такое «приветствие» по отношению к старшему (например, учителю) справедливо будет расценено как недопустимая фамильярность. Выражению «до свидания», пригодному в любой ситуации, синонимичны обороты разговорного характера «счастливо оставаться!», «всего!», устаревшее выражение «честь имею кланяться». При определенных условиях вместо «до свидания» можно употребить выражения «до скорой встречи», «всего хорошего», «всего наилучшего».

Речь устная и письменная — разные способы реализации языка, стилистические разновидности речи, различающиеся степенью соблюдения литературных норм. Устная речь характеризуется более свободным отношением к литературной норме, а письменная — более строгим соблюдением нормы.

На различие устной и письменной речи обратили внимание очень давно. Так, еще А. С. Пушкин писал: «Может ли письменный язык быть совершенно подобен разговорному? Нет, так же, как разговорный язык никогда не может быть совершенно подобным письменному. Множество слов обыкновенно избегаются в разговоре. Мы не говорим: карета, скачущая по мосту, слуга, метущий комнату; мы говорим: которая скачет, которая метёт.

Действительно, устная и письменная речь отличаются многими признаками, причём различия между устной и письменной речью проявляются на всех уровнях — на лексическом, морфологическом, синтаксическом. Лексически устная речь беднее письменной. Например, замечено, что в устной речи часто используется существительное «вид», но редко его многочисленные синонимы: «облик», «внешность», «наружность», «обличие», «видимость»; употребляется слово «много», но почти нет в разговорной речи слова «немало» с тем же лексическим значением.

Устная речь, как точно подметил А. С. Пушкин, не знает причастий и деепричастий, причём деепричастий нет вообще, а причастия употребляются редко, главным образом — страдательные прошедшего времени (типа «сломанный стул»). Другая морфологическая особенность устной речи — весьма свободное употребление временных форм: настоящее и прошедшее в значении будущего, настоящее и будущее — в значении прошедшего: сейчас иду, т. е. пойду; ну, я пошёл, т. е. пойду и под. Неупотребительны в устной речи краткие формы прилагательных.

Но особенно велико синтаксическое своеобразие устной речи. Это своеобразие связано с тем, что предмет разговора находится перед глазами, значит, он может не называться. В условиях устной речи у человека мало времени на обдумывание предложений. Думая и говоря одновременно, человек непроизвольно заполняет паузы. Культурные люди для этой цели используют частицы «вот», «там», и в разговоре эти слова (если, конечно их не употреблять слишком назойливо) не замечаются слушающими, а если записать разговорную речь, то они сразу бросаются в глаза. Можно ли сказать, что эти заполнители пауз засоряют нашу речь? Скорее всего, нет, потому что в спонтанной речи они неизбежны. Бороться надо с привычкой к однообразному заполнению пауз при помощи таких слов, как «значит», «понимаешь», «так сказать» и под. В письменной речи, когда есть возможность подумать, а потом написать, такие заполнители пауз совершенно недопустимы.

Риторика — ораторское искусство, красноречие. С античных времён риторика понимается как искусство убеждать с помощью слов, а значит это искусство проявляется там, где один человек поставлен в положение оратора, а другой — слушателя. Есть разные виды красноречия — педагогическое, парламентское, судебное, церковное, торговое и мн. др., и поэтому есть деление риторики на общую и частные.

Как сделать речь убедительной, точной, уместной, яркой, понятной и выразительной? На эти вопросы даёт ответы риторика. К сожалению, начиная с 20-х гг. XX в. риторика как наука об искусстве речи была изгнана из отечественных университетов. Только в последнее десятилетие изменилось отношение к риторике, её начали изучать в вузе и школе. Изучение риторики включает два важнейших вида работы: анализ образцовых текстов, речей лучших ораторов и проч. и создание (написание и произнесение) речей на заданную тему.

В современном мире отдаётся приоритет коммуникативной подготовке выпускников всех форм и стадий обучений, потому что без языка —хранителя и передатчика знаний, традиций, духовного опыта —невозможно развитие общества. И поэтому неуклонно растёт интерес к риторике как к учебной дисциплине, которая формирует коммуникативную культуру человека. Люди хотят учиться ораторскому искусству, чтобы говорить уверенно и непринуждённо перед любой аудиторией, чтобы успешно реализовать себя в своей профессии. В наши дни публикуются интересные пособия по риторике, которые помогут овладеть ораторским искусством. Так, в Издательстве РГУ в 1994 г. вышла книга «Общая риторика», написанная Т. Г. Хазагеровым и Л. С. Шириной, где содержатся курс лекций и словарь риторических фигур.

Род — грамматическая категория, которой в русском языке обладает целый ряд частей речи.

Род существительных

Род — постоянный признак русского существительного. Существительные по родам не изменяются. Род определяется прежде всего по окончанию существительного: существительные с окончаниями -а, -я — это слова женского рода (за исключением слов, обозначающих лиц мужского пола — *папа, юноша*), существительные с окончаниями -о, -е — это слова среднего рода (кроме производных от слов мужского рода типа *домишко*) и существительные с нулевым окончанием и основой на твёрдый согласный (кроме шипящих) — это слова мужского рода.

Если по одному окончанию невозможно определить род существительного (*нож* — м. р., *рожь* — ж. р., хотя оба существительных имеют нулевое окончание и основу на шипящий), нужно обратить внимание на окончания в косвенных падежах (Р. п. — *ножа*, Р. п. — *ржи*). В словарях обычно указывается форма Р. п. существительного.

У существительных, называющих лиц, принадлежность к грамматическому роду связана с биологическим полом (слова *юноша, студент, папа* — м. рода, слова *мать, мама, студентка* — ж. рода). У названий животных нет такого соответствия между биологическим полом и грамматическим родом (*рысь* — ж. р., *белка* — ж. р., *барс* — м. р., *дятел* — м. р.). Названия тех животных, которые играют важную роль в жизни человека, обычно имеют парные слова для обозначения особей мужского и женского пола: кот — кошка, петух — курица, бык — корова. Есть производные существительные женского рода и у некоторых названий диких животных: лев — львица, тигр — тигрица, медведь — медведица.

Помимо существительных м., ж., ср. рода, есть существительные общего рода. Они обозначают людей по каким-либо качествам, свойствам, чаще — отрицательным: *плакса, неряха, задира, тупица, грязнуля, невежда, разиня, скряга.* Так как подобные наименования могут применяться к лицам мужского и женского пола, эти слова выступают то как существительные м. рода, то как существительные ж. рода: *Он настоящий скряга, она настоящая скряга.* Таким образом, общий род — это не четвёртый род, слова общего рода — это слова мужского и женского рода.

В последнее время к группе слов общего рода примыкают названия людей по профессии, по роду занятий, по должности — *врач, профессор, доцент, директор, инженер, дилер, брокер, менеджер.* Эти слова имеют морфологические признаки существительных мужского рода, они склоняются по мужскому типу склонения (по 2-му склонению), но они могут сочетаться с прилагательными и глаголами по женскому роду, если речь идёт о женщине. Следует помнить, что в этих случаях правильным является сочетание с глаголом прошедшего времени в женском роде — *директор пришла, врач позвонила,* а с прилагательным — в мужском роде (*хороший врач, она — настоящий лидер, молодой инженер Иванова*). Конструкции типа «молодая врач» имеют разговорный характер.

Кроме существительных м., ж., ср. и общего рода есть небольшая группа существительных (их около 500), которые вообще не имеют родовой характеристики. Это существительные, употребляемые только во множественном числе, — *ворота, сани, брюки, чернила, дрожжи*.

Род несклоняемых существительных

Род несклоняемых существительных не может быть определён тем же способом, что и у склоняемых. Обычно род определяется по окончанию, но несклоняемые существительные не имеют изменяемой части слова — окончания. Распределение несклоняемых существительных по родам проводится по лексическому значению.

Несклоняемые названия людей выступают как существительные мужского (*камикадзе, тореро, мсье*), женского (*инженю, леди, мадам, мисс, травести*) или общего рода (*портье, конферансье, кутюрье*) в связи с реальным биологическим полом.

Несклоняемые названия животных — это, как правило, слова мужского рода — *шимпанзе, кенгуру, какаду, эму, гризли, зебу, марабу, жако*. Только если в тексте есть подчёркнутое указание на самку, возможно согласование этих слов по женскому роду: *Шимпанзе кормила детёныша*.

Несклоняемые названия предметов, неодушевлённые существительные — это по преимуществу слова среднего рода: *кафе, какао, дзюдо, карате, лото, домино, радио, кино, кашне, бра, кашпо, пюре, суфле*. Но есть и слова несреднего рода: *кофе* — м. р., *салями* — ж. р., *кольраби* — ж. р., *хинди* — м. р., *урду* — м. р. Мужской или женский род у неодушевлённых несклоняемых существительных появляется под влиянием рода слова-гиперонима, т. е. слова, обозначающего более общее понятие: *кольраби* — капуста, ж. р., *салями* — колбаса, ж. р., *хинди* — язык, м. р. Мужской род слова *кофе* связан, по-видимому, с тем, что в XIX в. это слово употреблялось в форме «кофий», склонялось и имело мужской род.

Несклоняемые географические названия, а также некоторые другие имена собственные (например, названия газет) имеют род, соответствующий роду нарицательного слова-гиперонима: *Тбилиси, Колорадо, Чикаго, Дели* — м. р. (город — м. р.), *Янцзы, Миссисипи* — ж. р. (река — ж. р.), *«Юманите», «Таймс»* — ж. р. (газета — ж. р.).

Помимо существительных, категория рода присуща прилагательным, причастиям, однако их родовая характеристика зависит от рода определяемого слова, т.е. прилагательные и причастия изменяются по родам: *красивый костюм, красивое платье, красивая блузка, солнечный день, солнечное утро, солнечная долина; освещенное место, освещенная комната, освещенное здание.* По родам изменяются также порядковые числительные и некоторые количественные: *один, одна, одно, два, две,* а также те разряды местоимений, которым присуще такое же словоизменение, как и прилагательным: *мой, моя, моё* и под. Изменяются по родам личные местоимения 3-го лица: *он, она, оно.* Родовые различия во всех этих случаях характерны только для форм единственного числа.

Некоторым глагольным формам также свойственно изменение по родам: родовые различия имеют глаголы в изъявительном наклонении, прошедшем времени и единственном числе (*читал, читала, читало*), а также в формах единственного числа сослагательного наклонения (*читал бы, читала бы*).

Родственные слова — это слова с одинаковым корнем, их называют еще однокоренными. В совокупности они составляют гнездо родственных слов: *вода, водный, водяной, подводник, водопровод, приводниться* и т. д.

Все производные слова одного гнезда образованы от слова с непроизводной основой (в данном случае — от слова «вода»), которое называется вершиной гнезда родственных слов.

Иногда родственные слова могут образовать словообразовательную цепь: «учить — учитель — учительница» или «вода — водяной — водянистый».

В такой цепи каждое последующее слово образовано от предыдущего.

С

Связки — вспомогательные компоненты именного составного сказуемого, которые выражают грамматические значения наклонения, времени и отношение сказуемого с подлежащим. В главном члене безличного односоставного предложения связка употребляется в безличной форме (совпадает по форме с глаголом 3-го лица ед. числа, а в прошедшем времени — с формой ср. рода): *На улице было холодно.*

Связки делятся на незнаменательные (не имеющие лексического значения) и полузнаменательные. К незнаменательным и полузнаменательным относится глагол «быть», который в настоящем времени обычно отсутствует: «*Разгадка мрачного настроения доктора была налицо*» (М.-С.). К полузнаменательным относятся связки «делаться, стать, становиться, являться, казаться, считаться, называться» и др.: «*За ночь одну она стала седой*» (Ахм.); «*Дворец казался островом печальным*» (П.).

Связки следует отличать от их омонимов — полнозначных глаголов: «*Альбина была в восторге*» (Л. Н. Т.) и ср.: *Сестра была* (находилась) *в школе.* Связки могут осложняться частицами **это, вот, как, как будто** и др.: «*Чтение — вот лучшее учение*» (П.); «*Земля как камень*» (Гейч).

Синонимия синтаксическая — это отношения полного (или неполного) тождества значения разных по форме синтаксических конструкций. Тождество значения предполагает прежде всего общность выражаемого конструкциями события или предмета. Оно опирается на общность лексического состава, связанных синонимией построений: «дом отца — отцовский дом; сестра испугалась — сестра была испугана».

Тождество значений синонимов никогда не является абсолютным. Например: *Саша прочитал книгу* (1) и *Книга прочитана Сашей* (2). В обозначении одного и того же события в первом случае подчеркивается активный характер деятеля («Саши»), во втором актуализируется значимость подлежащего «книга».

В простом предложении наиболее часто встречаются следующие случаи синонимии: 1) Между активной и пассивной конструкциями: Ср.: *Дима написал сочинение* и *Сочинение написано Димой*. 2) Между односоставными предложениями разных типов — безличным и неопределенно- или обобщенно-личным: «*Каши маслом не испортишь*» (Посл.) и *Каши маслом не испортить*. 3) Между односоставными и двусоставными предложениями: *Газеты доставили утром* (неопр-личное предложение) и *Газеты доставлены утром* (двусоставное предложение).

В сложном предложении наиболее часто представлены: 1) синонимика его с простым предложением: *Несмотря на то что бушевала буря, туристы продолжали поиски товарища* и *Несмотря на бурю, туристы продолжали поиски товарища*; 2) синонимика разных типов сложного предложения — сложносочиненного и сложноподчиненного, сложноподчиненного и бессоюзного и т. д.: *Наступила весна, но лед на реке еще не растаял* и *Несмотря на то что наступила весна, лед на реке еще не растаял*; 3) си-

нонимика внутри одного и того же типа сложного предложения: *Дом, где жил писатель, стоит на берегу реки* и
Дом, в котором жил писатель, стоит на берегу реки.

Синонимы — это близкие по смыслу слова. Синонимы
различаются оттенками значения. Некоторые лингвисты
считают, что синонимы — это слова, тождественные по
значению. Например, полностью идентичны в русском
языке слова «языкознание» и «лингвистика», «правописание» и «орфография». Но таких слов — абсолютных дуб-
летов — в языке очень мало — просто потому, что язык
не может позволить такую избыточность средств выражения. Другие лингвисты (их большинство) понимют под
синонимами слова, выражающие одно и то же понятие,
отличаются же синонимы друг от друга либо оттенком
значения, либо стилистической окраской. При этом под
«оттенком значения» следует понимать такой элемент
смысла, который в каком-либо тексте может остаться не-
реализованным, и именно это даёт возможность взаимо-
заменяемости синонимов. «Оттенок значения» с логичес-
кой стороны характеризуется своей соотнесённостью с
несущественным признаком.

Обычно выделяют две основные группы синонимов:
1. Понятийные (или идеографические), связанные с
   дифференциацией оттенков одного и того же значения — *безобразный — уродливый, безупречный —
   безукоризненный; наивный — добродушный; мокрый — влажный — сырой*. Толковые словари определяют значения слов (особенно часто — прилагательных и глаголов) с помощью понятийных синонимов: грустный = печальный, кидать = бросать.
2. Стилистические синонимы различаются стилистической окраской, сферой применения. Часто стилисти-

ческие синонимы содержат в своих значениях оценочные элементы: *лошадь — кляча* (= плохая лошадь); *лицо — лик* (возвыш. — прекрасное лицо).

Кроме того, есть синонимы понятийно-стилистические, которые различаются и оттенком смысла, и стилистической окраской: *толстый — полный* (о человеке); *идти — тащиться; работать — корпеть.*

Синонимы следует отличать от смежных явлений: от слов, связанных гипо-гиперонимическими отношениями (отношениями рода и вида, класса и подкласса): *рыба — карась — окунь, щука, сазан,* а также от вариантов слов типа «лиса — лисица» или «ноль — нуль».

Два или более синонимов образуют синонимический ряд. В этом ряду одно слово обычно в наиболее общем виде выражает значения всех синонимов и выступает как стилистически нейтральное. Это слово называют доминантой синонимического ряда. Например: *собака* (доминанта), *пёс, барбос, псина, шавка, моська, бобик; дорога* (доминанта), *путь, мостовая, стезя, тропа.*

Синонимы справедливо считаются показателем богатства, развитости, гибкости языка. Синонимы выполняют в языке функцию замещения, связанную со стремлением избежать нежелательных повторов одних и тех же слов, функцию уточнения, которая связана с желанием говорящего или пишущего более чётко выразить свои мысли. Эти функции характерны прежде всего для понятийных (идеографических) синонимов. Стилистические синонимы выполняют функцию выражения многообразных эмоционально-экспрессивных оценок.

Синтаксис — та сторона грамматического строя языка, которая определяет особенности соединения слов и словоформ в словосочетания и предложения, соединения простых предложений в составе сложного предложения и текста, а также те отношения, которые возникают в результате сочетания языковых единиц. Единицы синтаксиса: словосочетание, простое и сложное предложение, текст. Предложение — основная единица синтаксиса. В нем проявляются не только отношения между обозначаемой в нем ситуацией и реальным событием, но и отношение говорящего к содержанию высказывания, к собеседнику и т. д.

Синтаксисом называется и раздел науки о языке, который занимается изучением синтаксических связей и отношений, а также синтаксических средств, их выражающих.

Синтаксические средства русского языка — такие языковые средства, с помощью которых оформляются синтаксические единицы и выражаются синтаксические отношения между ними. Сюда относятся 1) формы слова; 2) служебные слова; 3) порядок слов; 4) интонация.

Синтаксическая роль слов и их форм в русском языке чаще всего выражается окончаниями. Окончания многозначны и передают не только отношения слов друг к другу, но и значение самой формы слова. Так, в предложении *Лес шумит* окончание **-ит** в глаголе-сказуемом указывает на его согласование с подлежащим «лес» (*Леса шумят*) и на значение настоящего времени изъявительного (реального) наклонения.

Служебные слова передают отношения между словами предложения (предлоги, союзы) или между простыми предложениями (союзы): *гулять в лесу, гулять у леса.* Порядок слов является основным синтаксическим средством, которое играет особую роль в том случае, если окончания не выполняют своей различительной функции: <u>Весло</u> задело <u>платье</u> (на первом месте подлежащее).

Различительную роль выполняет и интонация: *Они ходили вчера в театр* (повест. предложение) и *Они ходили вчера в театр?* (вопросительное).

Сказуемое — это главный член предложения, который служит для выражения какого-либо признака подлежащего и отвечает на вопросы «что делает предмет?», «что с ним происходит?», «каков он?», «кто он такой?», «что он такое?». Сказуемое, выраженное одним глаголом, называют простым глагольным: *«В небе тихо вспыхивали звезды»* (М. Г.), *«А царица хохотать и плечами пожимать»* (П.).

Простое сказуемое может быть осложненным за счет частиц, повторов и т. п.: «<u>Еду-еду</u>, следу нету» (Загадка), «А он (слон) себе <u>идет</u> и лаю твоего совсем не замечает» (Кр.), <u>Посмотри-ка</u> на меня!

В роли простого глагольного сказуемого могут выступать усеченные формы типа **толк**, **хвать**, **прыг**, **шмыг** и т. п.: «Тихохонько медведя <u>толк</u> ногой» (Кр.).

Простому сказуемому противопоставлено составное, которое делится на 1) глагольное и 2) именное: 1) Без вас <u>хочу сказать</u> вам много, при вас я <u>слушать</u> вас <u>хочу.</u> (Л.); 2) <u>Хозяин был старик угрюмый</u> (Л.).

В составном сказуемом выделяются основная и вспомогательная части.

Сказуемое составное включает в себя основной и вспомогательный компоненты. Содержание сказуемого выражается основным компонентом; показатели же грамматического значения сказуемого (времени; лица, реальности-нереальности факта) находятся в спрягаемом вспомогательном компоненте.

В зависимости от способа выражения основной части составные сказуемые делятся на именные и глагольные. В именном сказуемом основная часть выражена именем (существительным, прилагательным и др.).

Вспомогательная часть в них представлена глаголами *быть, казаться, считаться, становиться* и др.: «*Воздух становился редок*» (Л.).

В состав глагольного составного сказуемого обязательно входит неопределенная форма глагола, которая является основной частью сказуемого. *Он начал хорошо учиться.* Здесь «начал» обозначает начало действия «учиться». Неопределенная форма глагола в составном сказуемом может входить в состав фразеологизмов, и в таком случае сказуемое тоже оказывается составным глагольным: Я <u>решил</u> обязательно <u>достигнуть успеха</u>.

Отличаются типы составных сказуемых и своими связками, их значением. В глагольном сказуемом они обозначают определенные этапы действия (начало, продолжение, конец его), а также могут иметь значение желательности, необходимости, возможности его или выражать эмоциональную его оценку: *Мне нравится бродить весной.*

Глагол в будущем сложном времени всегда выражает простое глагольное, а не составное глагольное сказуемое, ср.: *Я буду бродить весной* — *Брожу весной* — *Бродил весной.*

Способы выражения составного сказуемого

	Именное	Глагольное
Основная часть	Любое имя: существительное в Им. п., Тв. п. и др. косвенных падежах, полное прилагательное в Им. или Тв. падежах или краткое прилагательное, а также прилагательное в сравнительной степени, местоимение, числительное	Неопределенная форма глагола (иногда в составе устойчивого оборота)
Вспомогательная часть	1. Связка «быть» (отсутствующая в настоящем времени). 2. Глаголы-связки *казаться, становиться, являться, делаться, считаться, называться* и др. 3. Глаголы движения или глаголы типа «сидеть», «стоять» и др.: *Она сидела унылая и задумчивая, Я пришел домой веселый.*	1. Глаголы, обозначающие какие-то этапы действия (*начать, кончить* и др.). 2. Слова, обозначающие желательность, возможность, необходимость действия (*мочь, хотеть, решить* и др.). 3. Слова, обозначающие эмоциональную оценку действия (*любить, ненавидеть, рад* и др.).

Склонение — это изменение существительных, прилагательных, местоимений, числительных, причастий по падежам. В широком понимании термина под склонением имеют в виду изменение по падежам и числам.

Изменяясь по падежам и числам, разные разряды существительных имеют различные окончания. К первому склонению относятся существительные женского рода с окончаниями в И. п. ед. ч. **-а, -я**, а также единичные существительные мужского рода с такими же окончаниями и существительные общего рода (*мама, папа, староста, юноша, земля, комната, коллега*). Ко второму склонению относятся существительные мужского рода с нулевым окончанием и существительные среднего рода с окончаниями **-о, -е** (*конь, зверь, мяч, сарай, поле, окно*). К третьему склонению относятся существительные женского рода с нулевым окончанием (*мать, дочь, мышь, печь, совесть, повесть, злость*).

Различение этих трёх типов склонения, прямо связанных со значением рода, актуально в большей мере для единственного числа. Во множественном числе различия типов склонения утрачиваются, преобладает единообразие окончаний.

Существительные, которые образовались путём субстантивации прилагательных, склоняются по адъективному склонению (*гостиная, рабочий, мороженое*). Конечное **-е** в слове «мороженое» — это не признак второго склонения, это слово склоняется, как прилагательное, от которого оно образовалось.

В русском языке есть разносклоняемые существительные: это 11 существительных ср. рода на **-мя** — *бремя, время, вымя, знамя, имя, пламя, полымя* (устар.), *племя, стремя, семя, темя*, а также существительные ср. рода *дитя* и м. рода *путь*. По характеру падежных окончаний эти слова близки к существительным третьего склонения, но отличаются от них родовой принадлежностью (м. и ср. род).

В русском языке есть несклоняемые существительные,

и этот разряд постоянно пополняется количественно. Не-склоняемые существительные не выражают с помощью окончаний падежных и числовых значений, но обладают этими значениями и проявляют их в сочетаниях с прилагательными и глаголами (*красивые кенгуру, красивых кенгуру; шимпанзе убежал, шимпанзе убежали*). Поэтому можно говорить, что здесь имеет место омонимия падежных форм и этот тип склонения можно назвать нулевым.

Несклоняемые существительные, или существительные нулевого склонения — это иноязычные по своему происхождению слова. Они могут оканчиваться на гласный (*пальто, кино, метро, шоссе, кашне, буржуа, кофе, алиби, жалюзи*), на твёрдый согласный (если это существительные ж. рода — *мадам, мисс, миссис, фрау, фрейлейн*). Кроме нарицательных, есть несклоняемые имена собственные: это названия городов, рек, стран и другие географические наименования, это также имена и фамилии, в том числе — русские фамилии, представляющие собой застывшую форму родительного падежа (*Дурново, Живаго, Сухово*). Например: *Баку, Перу, Сухуми, Чили, Осло, Гёте, Гюго, Гарибальди, Миссисипи, Токио, Шмидт* и т. д.

В русском языке есть также неизменяемые прилагательные: *беж, хаки, терракот, фри, мини, макси, миди, комильфо, гала, фрикасе, экстра*. В случаях типа *дог-шоу, топ-модель* первые части (хотя они и пишутся через дефис), скорее всего, можно считать неизменяемыми прилагательными. В современном русском языке число неизменяемых прилагательных постоянно растёт.

К неизменяемым местоимениям относятся три притяжательных по значению местоимения: *его, ее, их*. Эти несклоняемые слова не следует смешивать с падежными формами личных местоимений. Ср.: *Я видел его вчера* (личное местоимение «он» в винительном падеже) и *Я видел его книгу* (притяжательное местоимение, несклоняемое слово, которое отвечает на вопрос «чью?»).

Слова категории состояния — это группа слов, близких по значению и морфологическим свойствам к наречиям. Сравните два предложения: *Он весело засмеялся* и *Ему сегодня весело*. В первом случае перед нами, безусловно, наречие, которое обозначает признак действия (засмеялся *как?* — весело). Во втором случае слово «весело» не поясняет ни глагол, ни прилагательное, как это свойственно наречиям. Здесь слово «весело» выступает как сказуемое безличного предложения. Слова категории состояния обозначают состояние человека или природы, с морфологической точки зрения это неизменяемые слова, а синтаксическая функция у них только одна — сказуемое в безличном предложении. К словам категории состояния относят обычно такие: *жаль, больно, нужно, совестно, можно, пасмурно, дождливо* и под. Слова категории состояния могут быть омонимичны наречиям (как в приведённом примере).

Достаточно ли у слов категории состояния особых признаков, чтобы считаться самостоятельной частью речи? Учёные-лингвисты по-разному отвечают на этот вопрос. Но даже те учёные, которые не считают эти слова особой частью речи, отмечают, что это отдельная группа среди наречий, которая отличается от других наречий и по лексическому значению, и по синтаксической функции.

Слово — это основной элемент языка, главная значимая единица языка. Слово воспринимается нами прежде всего как комплекс звуков или один звук. Но очевидно, что не всякий комплекс звуков есть слово, а только такой, который не является бессмысленным, а что-либо обозначает. На первый взгляд, кажется, что это очень просто — дать определение слову; каждый из нас представляет, что это такое, но на самом деле это вовсе не легко. В науке до сих пор нет общепризнанного адекватного, логически непротиворечивого определения этого понятия. Это объясняется тем, что объект (т. е. слово) чрезвычайно многообразен и в плане грамматической оформленности, и с точки зрения значения. Ведь слова называют и конкретные предметы (*стол, дом*), и отвлеченные понятия (*доброта, способность*), и человеческие эмоции (*ах, ой*); наконец, есть служебные слова, лишенные лексического значения, ничего не обозначающие в окружающей нас действительности, а служащие только средством языковой техники (предлоги *в, к, из*; союзы *и, когда, а, но* и др.); есть слова, обозначающие законченную мысль (афоризм Козьмы Пруткова — «Бди!»). Далее: считать ли словами или словосочетаниями такие образования, как *диван-кровать, плащ-палатка, фабрика-кухня*?

Именно сложность и многообразие объекта является причиной того, что слово с трудом поддаётся определению. Некоторые учёные даже отказывались от необходимости дать определение слову: «Вообще удовлетворительного определения слова нет, да и едва ли его можно дать. Слово — такое простое понятие, которому нельзя дать логического определения, а потому приходится довольствоваться простым указанием или описанием» (Н. М. Петерсон, «Русский язык»). Но большинство учёных придерживается другой точки зрения. Л. В. Щерба писал: «Я не разделяю скептицизма по отношению к слову. Конечно, есть переходные случаи между словом и морфемой, с одной стороны, и между словом и сочетанием слов, с другой стороны. Но в природе нет нигде абсолютных границ; в большинстве же случаев понятие слова очень ясно для сознания говорящих».

Чтобы дать определение слова, нужно учесть все основные признаки слова, которые отграничили бы слово от других лингвистических единиц: 1. От звуков слово отличается наличием значения, даже если фонетически оно представляет собой один звук; это «кусочек изолированного смысла». 2. От словосочетаний (в том числе и фразеологических) слово отличается акцентологически, т. е. по ударению. Слово либо безударно, либо имеет лишь одно основное ударение. От словосочетания слово отличается также непроницаемостью, т. е. невозможностью вставить внутрь слова другое слово. 3. От морфем (т. е. от значимых частей слова) слово отграничивается своей лексико-грамматической отнесённостью, т. е. принадлежностью к определённой части речи.

Известный советский лексиколог Н. М. Шанский дал такое определение слову: «Слово — это лингвистическая единица, имеющая (если она не безударна) в своей исходной форме одно основное ударение и обладающее значением, лексико-грамматической отнесённостью и непроницаемостью». Н. М. Шанский выделил такие существенные признаки слова:

1) фонетическая оформленность (слово имеет определённое звучание, а если язык письменный, то и графическую форму);

2) семантическая валентность (т. е. слово ч.-л. обозначает);

3) непроницаемость (внутрь слова нельзя вставить другое слово);

4) недвуударность (обычно слово имеет одно ударение);

5) лексико-грамматическая отнесённость (слово принадлежит к определенным классам, разрядам);

6) воспроизводимость (это очень важная характеристи-

ка слова, заключающаяся в том, что слова не создаются каждый раз говорящими, а извлекаются из памяти, из письменных источников, переходят от поколения к поколению. Правда, это хотя и важная, но не достаточная сама по себе характеристика слова, так как этим свойством обладают и фразеологические обороты).

Словообразовательные словари — словари, в которых показаны способы образования слов, их связи с производящей основой и однокоренными словами. «Словообразовательный словарь русского языка» А. Н. Тихонова (в 2-х т. М., 1985) — словарь, где слова представлены в словообразовательных гнездах и отражают строение более чем 12 500 словообразовательных гнезд. В словаре рассмотрены способы образования 45 000 слов. Словообразовательными гнездами расположен материал в «Школьном словообразовательном словаре русского языка» А. Н Тихонова (М., 1991).

На основе словообразовательных связей слов построен и «Школьный словарь строения слов русского языка» З. А. Потихи (М., 1987). Он отражает членение на знаменательные части наиболее употребительных русских слов с производной основой.

Словосочетание — сочетание двух (и более) самостоятельных слов, которые связаны между собой грамматически и по смыслу. Одно из слов словосочетания является главным,подчиняющим, другие зависят от него. Например: «На березах и осинах зазеленели первые листочки». Листочки зазеленели — грамматическая основа предложения. Она не является словосочетанием. Листочки какие? —

первые; зазеленели на чем? — на березах и осинах. Существительное подчиняет себе прилагательное, глагол подчиняет существительное с предлогом. Сочинительные сочетания слов «на березах и осинах» рассматриваются как один зависимый компонент словосочетания.

Обычно каждое слово в словосочетании является самостоятельным членом предложения. Однако есть и такие словосочетания, которые образуют цельное единство и рассматриваются как один член предложения. Сюда относятся: 1. Словосочетания с главным словом-числительным или словом, приближающимся к нему по значению: «Жили два друга в нашем полку»; два друга — подлежащее. 2. Словосочетания со значением совместности с предлогом с: Мать с сыном медленно шли по дороге. 3. Словосочетания с предлогом из со значением избирательности: «Один из учеников получил золотую медаль». 4. Словосочетания, где смысл главного слова раскрывается только в сочетании с зависимым: Кто там бродит тихим шагом? «Тихим шагом» — обстоятельство.

В словосочетании главным словом может быть прилагательное, которое распространяется существительным или наречием. Деревья были мокрыми от дождя или «Еще прозрачные, леса как будто пухом зеленеют» (П.).

Имена существительные в словосочетании могут подчинять другие существительные-определения и управлять ими, требуя от них определенной падежной формы. В таких словосочетаниях выражается или принадлежность кому-либо («изба лесника», «альбом матери», «книга отца») или отношение действия и деятеля («движение автобуса», «ответ ученика», «бой часов») или другие отношения («собака ценной породы», «ножка стула», «ручка двери» и т. п.).

Главным словом в словосочетании может быть глагол, который способен подчинять существительное, местоимение, наречие. Глагол может выступать в разных формах — спрягаемой, неопределенной, в форме причастия или деепричастия: *читать книгу, читал книгу, читая книгу, читавший книгу.* В данных примерах глагол везде требует Вин. п. имени существительного.

Способы подчинительной связи в словосочетании — согласование, управление и примыкание.

Слог — это звук или несколько звуков, которые произносятся одним толчком выдыхаемого воздуха. В состав слога обязательно входит гласный. В слове столько слогов, сколько в нем гласных звуков: *о-го-род, ка-пу-ста.*

Слоги бывают ударные и безударные, в зависимости от того, падает ли ударение на гласный в слоге. Слогораздел связан с морфемным членением слова, а именно: слогораздел чаще проходит на стыке морфем — приставки и корня, корня и суффикса (*по-дать, лёт-чик*).

С делением на слоги связаны правила переноса слов на письме. Слова переносятся по слогам. Буквы ъ, ь, й не отделяются от предшествующих букв: *боль-шой, объ-езд, чай-ка.*

Несовпадение правил переноса и слогоделения проявляется в тех случаях, когда слог обозначен одной буквой. Одну букву нельзя оставлять на строке или переносить на другую. Например, слово осень делится на два слога: *о-сень,* но разделить это слово для переноса нельзя.

Сложение — это способ словообразования, который заключается в объединении двух или более основ в одно слово, имеющее одно основное ударение. Сложение имеет несколько разновидностей: сложение основ, аббревиация (образование сложносокращенных слов), сращение и словосложение.

Сложение основ в русском языке обычно осуществляется с использованием соединительных гласных «о» и «е» — *тепловоз, землеройка*. Эти гласные входят в состав основы слова.

Сложносокращенные слова могут образовываться путем сложения усеченных основ (*авиафлот, профком, колхоз*), сложения звуков (*вуз, ТЭЦ*), сложением букв (*ЦСК — цэ-эс-ка*), сложением слогов (*мопед*).

Разновидностью сложения является сращение — образование слов путем сочетания слов, связанных подчинительными отношениями: *дикорастущий* (кустарник), *умалишенный*. Окончания, являющиеся в производящей основе показателями подчинительной связи, входят в составе такого сложного слова в его основу.

Словосложение — объединение производящих слов целиком: *музей-квартира, платье-костюм, диван-кровать*. Многие из таких сложных слов сохраняют словоизменение обеих частей: *дивана-кровати, диваном-кроватью, ракетой-носителем* и т. д. Пишутся такие сложные слова через черточку.

Сложное бессоюзное предложение — это сложное предложение, в котором связь между составляющими его простыми предложениями осуществляется без помощи союзов посредством интонации, порядка расположения простых предложений, соотношения форм времени и наклонений глаголов-сказуемых.

Большинство бессоюзных предложений синонимично сложноподчинённым и сложносочинённым союзным предложениям. Смысловые отношения между их частями определяются путем подстановки соответствующих союзов: «*Вы раздвинете мокрый куст — вас так и обдаст накопившимся теплым запахом ночи*» (Тургенев). В предложение можно подставить союз **если**, союз этот условный, значит, первое предложение указывает на условие того, о чем говорится во второй части. Ср.: *Если вы раздвинете мокрый куст, вас так и обдаст теплым запахом ночи.*

Для того чтобы проверить, какой знак препинания нужно ставить в каждом отдельном случае, можно воспользоваться таблицей:

Знаки препинания	Значение	Проверка подстановкой союза
,	Одновременность или последовательность	союза **и**
—	а) противопоставление	а) союза **а, но**
	б) в первом предложении — условие (время)	б) союза **если (когда)**
	в) во втором предложении — следствие	в) союза .**так что**
:	а) во втором предложении — причина	а) союза **так как**
	б) второе предложение дополняет, изъясняет первое	б) союза **что** (иногда требуется подставить слово «увидеть», «услышать» и др.)
	в) второе предложение поясняет первое	в) союза **а именно, то есть**

Иногда подстановка союза может сопровождаться изменением формы глагола-сказуемого: «*Щепотку волосков лиса не пожалей — остался б хвост у ней*» (Кр.). Ср.:

Если бы щепотки волосков лиса не пожалела, остался б хвост у ней. В некоторых случаях приходится подставлять не только союз, но и то слово, от которого должно зависеть придаточное: *«Я вошел в хату: две лавки и стул, да огромный сундук возле печи составляли всю мебель»* (Л.). Отношения в данном случае дополнительные (изъяснительные). Ср.: *Я вошел в хату и увидел, что две лавки и стул... составляли всю мебель.*

В тех случаях, когда первая часть осложнена и в ней имеются знаки препинания, между частями бессоюзного сложного предложения ставится точка с запятой: *Лесная лужайка вся насыщена холодной росой, насекомые, хорошо потрудившись за день, еще спят в пожелтевшей траве; цветы еще не раскрыли венчиков.*

Следует отметить, что в отдельных современных изданиях на месте положенного двоеточия практикуется постановка тире, и, таким образом, тире становится своего рода универсальным знаком: *«Вдруг видим — шофер Ковров делает нам знак»* (В. Инбер). В данном примере можно подставить союз **что**, отношения дополнительные (изъяснительные). Следовательно, по правилам надо ставить двоеточие. При таких отношениях первое предложение произносится с повышающейся, предупредительной интонацией, от второго предложения оно отделяется значительной паузой. Интонация часто является единственным показателем смысловых отношений между простыми предложениями. Так, в предложении *Приедет мать, будешь с ней гулять* отношения соединительные, и оно синонимично сложносочиненному предложению соединительно-перечислительного типа. Если же произнести это предложение с предупредительной интонацией, значительной паузой между предложениями, то оно уже окажется синонимичным условному сложноподчинённому предложению: *Приедет мать — будешь с ней гулять*. Ср.: *Если (когда) приедет мать, будешь с ней гулять.*

Сложное предложение — это предложение, которое состоит из двух или нескольких простых, соединенных в одно целое по смыслу, грамматически и интонационно. Например: «*На дворе тепло, пахнет разогретой муравой, и из-за ярко-зеленых вершин сада ослепительно белеют великолепно круглящиеся облака*» (Бун.).

Простые предложения могут соединяться сочинительными союзами, которые не входят в состав этих простых предложений и всегда стоят между ними: «*С утра пошел дождь, и низкие черные тучи бежали по небу...*» (Шолохов). Простые предложения могут соединяться и подчинительными союзами, которые всегда входят в состав того простого предложения, где они находятся: «*Когда с деревьев осыпались все листья, над станицей полетели дикие гуси*» (В. Закруткин).

Сложные предложения, которые состоят из равноправных по смыслу простых предложений, связанных сочинительными союзами, называются сложносочинёнными. Сложные предложения, в которых одно простое (придаточное) подчинено другому (главному) и связано с ним подчинительными отношениями зависимости, называются сложноподчинёнными.

Сложные предложения с союзами называются союзными. Им противопоставлены сложные предложения, в которых простые предложения соединяются без союзов и союзных слов интонацией. Они называются бессоюзными. Например: «*На реке обозначились первые, робкие признаки рассвета: побелели и как будто стали меркнуть звезды...*» (В. Закруткин).

166

Таким образом, все сложные предложения делятся на группы:

Сложное предложение фразеологизированное — это сложное сложное по форме предложение, значение которого претерпевает опрощенье, становится равно значению простого предложения, выражая не два, а одно событие. В результате СП, выражающее одно событие, приближается по семантике к простому предложению, хотя ему и присущи все формальные признаки сложного. Например, СП «Не было дня, чтобы он не звонил матери» выражает одну ситуацию: «Он каждый день звонил матери».

Сложное предложение, претерпевая фразеологизацию, превращается в простое по семантике, сохраняя свою сложную форму, соответствующую в данном случае одному событию.

Фразеологизированные сложные по структуре конструкции построены по устойчивым схемам, и наличие их непосредственно связано с принципом экономии в языке. Во-первых, оказывается удобнее хранить в памяти модели определенного значения и определенных смыслов, чем порождать высказывания с этим значением, каждый раз задумываясь над их оформлением. Во-вторых, многие фразеологизированные СП, равные по смыслу одному событию, сами возникли как результат экономии языковых средств. Подобное наблюдаем в конструкциях типа «*Я не ребенок, чтобы играть в камешки*» (А. Беляев), где была, по-видимому, опущена часть общей посылки силлогизма «Я не ребенок; ребенок существует, чтобы играть». Упрощение же семантики, сведение ее к одному событию привело здесь и к омертвению форм и значений.

В других случаях фразеологизация ведет к наличию дефектной парадигмы сказуемого в сложном по форме предложении. Так, в предложениях с главной частью, образованной по модели «Нет (не было) + N_2» в сочетании с определительным придаточным ирреального значения, парадигма главной части не допускает форм будущего времени, а также местоименных форм подлежащего. «*Нет такой мысли, которая не была бы верна хоть с какой-нибудь точки зрения*» (П. Романов). Такое определительное сложное предложение равно по смыслу простому: «Любая мысль верна хоть с какой-нибудь точки зрения».

Конструкции типа «*Не было минуты, чтобы она молчала*» обозначает вневременную ситуацию в реальном прошлом или настоящем и положительно или отрицательно оцениваемую говорящим. Отсюда дефектность парадигмы главной части, ограниченной изъявительным наклонением настоящего или прошедшего времени. Ср.: «Она никогда (ни минуты) не молчала (не молчит)».

Следовательно, вряд ли такие предложения безоговорочно следует относить к сложным. Это особые конструкции, в которых отсутствуют отношения между двумя событиями.

В изъяснительных (дополнительных сложных) предложениях главное предложение может быть равно по значению одному слову. Сюда относятся обороты типа «только и знать», «сам (сама) не знаю», «Бог знает» и др.: «— *Только и знаешь, что разливать чай*» (Ч.), т. е.: «Постоянно разливаешь чай». В предложениях же типа «— *Ты сама не знаешь, что говоришь*» (Ч.) главное предложение равно по значению словам «глупость (чепуха)» — «Ты говоришь глупость». Все эти сложные по своей структуре предложения содержат отрицательную оценку говорящим выраженного в них события.

Сложное синтаксическое целое — часть текста, состоящая из двух или нескольких самостоятельных предложений, объединенных общей темой и имеющих лексические и грамматические показатели связи друг с другом.

Связь между предложениями в связном тексте может осуществляться за счет 1) повтора одинаковых слов или слов однокоренных; 2) употребления слов, синонимичных друг другу: «*Наш путь лежит в Кисеньи.* Дорога *удивительно живописна*» (А. Капица); 3) использования местоимений и местоименных наречий, указывающих на содержание предшествующего предложения: «*Перед балконом была большая утоптанная* площадка. *Сергей расстелил* на ней *свой коврик*» (А. Куприн); «*В эти теплые дни желтыми пухляками зацвела ива.* Теперь *она стоит окруженная тонким ароматом и гудением пчел*» (В. Петров); 4) употребления слов, обозначающих видо-родовые понятия, или целое и его часть: «*Дорога... убегала в громадный хвойный* лес. *Вершины* деревьев *сливались вдали с синевой неба*» (Ч.) или разных наименований одного и того же лица или предмета: «*Хозяин вошел в комнату с двумя* девочками. *Сестры* были очень похожи друг на друга»; 5) употребления в последующем предложении слов, ассоциативно связанных друг с другом: «*Когда домашние средства не помогли, пошли в* лечебницу. *Врач произвел полагающиеся расспросы*» (Фед.); 6) использования вводных слов, выражающих порядок следования событий или мыслей: во-первых, во-вторых, наконец и т. п.; 7) порядка слов. Слово, заимствованное из предыдущего предложения, как было видно из примеров, занимает положение в начале последующего.

Описанные средства связи носят название цепных, или цепочечных, так как последующее предложение как бы цепляется за предыдущее: «*Я шел по дороге и сзади себя услыхал* крик. *Кричал* мальчик-пастух. Он *бежал полем и на кого-то показывал*» (Л. Н. Т.). Такая связь осуществляется последовательно. Кроме цепной связи, при которой предложения цепляются друг за друга, как звенья одной цепи, существует параллельная связь предложений, когда они рисуют детали одной общей картины, общей мысли. Связь при этом осуществляется употреблением слов одной тематической группы, одинаковым порядком слов, одинаковыми видо-временными формами глаголов-сказуемых: «*Солнце уже поднялось над лесом. Небо раскрылось в вышине, прозрачно-льдистое и голубое. Деревья в мокром сияющем золоте склонились над дорогой*» (А. Фадеев). Употребление слов «солнце, небо, деревья» связано с общей темой — природа. Порядок слов везде прямой, форма глаголов-сказуемых везде одинаковая — прошедшее время совершенного вида.

Виды связи предложений, средства ее выражения необходимо всегда иметь в виду при написании изложений, сочинений. В противном случае, какие бы интересные мысли вы ни пытались изложить, повествование окажется бессвязным и лишенным логики.

В качестве средства связи между предложениями в тексте, как и в сложном предложении, могут использоваться союзы:

> *Понедельник, вторник очень много*
> *Нам сулят — неделя молода.*
> *А в четверг она уж у порога,*
> *Поворотный день ее — среда.*

> (С. Маршак)

Сложноподчинённое предложение — сложное предложение, которое состоит из простых, связанных между собой зависимыми отношениями. Одно из них (главное) подчиняет другое (придаточное), в состав которого обязательно входит союз (или союзное слово), осуществляющий его связь с главным.

Все сложноподчинённые предложения делятся на два структурных типа: 1) те, в которых придаточное относится к отдельному слову главного: «*И всей душой, которую не жаль всю потопить в таинственном и милом, овладевает светлая печаль*» (Н. Рубцов); 2) те, в которых придаточное поясняет все главное предложение: «*Когда я думаю о путях, ведущих поэзию к читателю, я вспоминаю чаще всего стихи Сергея Есенина*» (Н. Старшинов). Первый и второй структурные типы делятся на разряды по значению. В разных школьных учебниках такое деление дается по-разному. В учебнике В. В. Бабайцевой и Л. Д. Чесноковой основой классификации (существующей в русской науке более 100 лет) является уподобление придаточного члену предложения: выделяются придаточные подлежащные, дополнительные, определительные и др.: «*Известно, что слоны в диковинку у нас*» (Кр.) — подлежащное придаточное; «*Что волки жадны, всякий знает*» (Кр.) — дополнительное. В основе такой классификации лежит смысловой, логико-семантический принцип.

В школьном стабильном учебнике в основе классификации сложноподчинённого предложения лежит в основном структурно-семантический принцип: обращается внимание на то, к чему относится придаточное, чем присоединяется, какое значение имеет (на какой вопрос отвечает). В соответствии с этим выделяются сложноподчинённые предложения изъяснительные, определительные, обстоятельственные.

Сложноподчинённые предложения с несколькими придаточными представляют собой конструкции, в которых подчинение простых предложений повторяется многократно.

Разнообразие таких сложноподчинённых предложений создаётся способом их связи. В соответствии с этим они делятся на три группы: предложения с неоднородным (параллельным) соподчинением, однородным соподчинением и последовательным подчинением.

Сложноподчинённые предложения с неоднородным (параллельным) соподчинением — это предложения, в которых два или несколько придаточных относятся к одному главному, но являются разнотипными или поясняют разные слова, зависят от разных слов в главном предложении. Придаточные в них не связаны между собой никакими синтаксическими отношениями и никак между собой не соприкасаются (как параллельные прямые), поэтому такое подчинение и называют иногда параллельным: «*Чтобы скрыть свое волнение, она низко, точно близорукая, наклонилась к столу и делала вид, что читает газету*» (Ч.).

Линейная схема данного предложения:

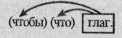

При параллельном подчинении придаточные обычно расположены дистантно, на расстоянии: «*Когда кавалер оставил ее, Наташа побежала через залу, чтобы взять двух дам для фигур*» (Л. Н. Т.). Ср.: *Наташа побежала через залу, чтобы взять двух дам для фигур, когда кавалер оставил ее.* В последнем примере, где придаточные расположены контактно, рядом, придаточное времени может рассматриваться двояко: и как подчиненное придаточному цели и как подчиненное главному предложению. Дистантное положение параллельно подчиненных придаточных наиболее оптимально передает смысл сложноподчинённого предложения.

Сложноподчинённые предложения с однородным соподчинением — предложения, в которых придаточные, как и однородные члены предложения, относятся к одному и тому же слову и отвечают на один и тот же вопрос, стоят всегда только рядом, между ними можно вставить сочинительный союз **и** (если союз отсутствует); отношения между такими придаточными сочинительные:

> *Чтоб реки крови не текли,*
> *Чтоб мир не стал кромешным адом,*
> *Плечом к плечу пусть встанут рядом*
> *Простые люди всей Земли.*

(А. Безыменский)

Оба придаточных в данном предложении относятся к глаголу «пусть встанут», отвечают на вопрос «для какой цели?», стоят они рядом и между ними можно вставить союз **и.**

Сложноподчинённое предложение с последовательным подчинением придаточных — это предложение, в которых первое придаточное одновременно является главным для последующего придаточного. Если мы обозначим главное предложение буквой А, а придаточное буквой В, то первое придаточное надо одновременно обозначить и буквой А и буквой В, так как оно одновременно и главное, и придаточное: *Мы надеемся, что вы хорошо знаете, какое значение имеет пунктуация.* Схематически представить это предложение можно так:

А (главное)

А, В (и главное и придаточное)

В (придаточное)

Придаточные, поясняющие главное предложение, называются придаточными первой степени; придаточные, которые поясняют придаточное первой степени, называются придаточными второй степени, и т. д.

При последовательном подчинении рядом могут оказаться разные подчинительные союзы или союзные слова: «*Говорят, что, когда Чехов поселился в разоренном Мелихове, он посадил там около тысячи деревьев*» (Чук.).

Запятая между подчинительными союзами не ставится, если после придаточного второй степени стоит вторая часть союза (то, так). Ср.: *Говорят, что когда Чехов поселился в разоренном Мелихове, то он посадил там около тысячи деревьев.*

Параллельное, однородное и последовательное подчинение могут комбинироваться друг с другом: «*Сережа, весь в белом, стоял у окна под зеркалом и, согнувшись спиной и головой, с выражением напряженного внимания, которое она знала в нем и которым он был похож на отца, что-то делал с цветами, которые он принес*» (Л. Н. Т.). В данном предложении три определительных придаточных предложения, но два из них (между которыми стоит союз **и**) связаны между собой и относятся к главному (к слову «внимание») как однородные; последнее определительное придаточное, хотя оно тоже подчинено тому же главному, но зависит от другого слова «с цветами» и оказывается по отношению к первым двум придаточным подчиненным параллельно.

Или другой пример: «*Он не понимал, зачем они совещаются так долго, если все так ясно, и что им нужно от него*» (Ч.). В данном случае совмещаются однородное подчинение двух придаточных изъяснительных и последовательное подчинение изъяснительного и условного придаточных.

Сложносочинённое предложение — это сложное предложение, состоящее из двух и более равноправных, не зависимых друг от друга простых предложений, которые связаны между собой сочинительными союзами и интонацией.

Все сложносочинённые предложения по их строению можно разделить на две группы: сложносочинённые предложения однородного и неоднородного состава. Сложносочинённые преложения однородного состава состоят из простых предложений, которые в совокупности передают одну общую картину или одну общую мысль. В зависимости от того, из скольких частей состоит эта картина, сложносочинённое предложение может состоять не только из двух, но из трех и более «частей»: *То шел дождь, то срывался снег, то дул сильный ветер*. Иногда эта общая картина может быть дана в одном предшествующем предложении, а сложносочинённое предложение детализирует ее: *Погода была прекрасная. И солнце светило, и птицы пели, и цветы благоухали, «От времени до времени где-то постреливали. Не то лесничие стреляли в воров, не то воры стреляли в лесничих»* (З. Шаховская).

Части сложносочинённого предложения здесь равноправны по смыслу, независимы друг от друга, и их можно переставить, поменять местами. Сочинительные союзы в них — единственный грамматический показатель сочинительных отношений. Замена сочинительного союза другим союзом ведет к изменению смысловых отношений. Ср.: 1) *То шел дождь, то срывался снег, то дул сильный ветер.* 2) *И шел дождь, и срывался снег, и дул сильный ветер.* Во втором предложении отношения уже не разделительные, как в предыдущем примере, а соединительные, так как изменился союз. При соединительных отношениях употребляются союзы **ни, да, да и, тоже, также** и др.

В предложениях однородного состава может быть общий второстепенный член: «*В городском саду пел хор и играл духовой оркестр*» (Ч.). Запятая перед союзом **и** в таких случаях не ставится.

Союзы **тоже, также** в предложении однородного состава могут быть в середине второго простого предложения: «*Луга за Волгой окрасились в бурый цвет, в городе тоже все краски поблекли*» (М. Г.).

Сложносочинённое предложение неоднородного состава характеризует смысловое неравноправие простых предложений. Это выражается в наличии (или возможности наличия) во втором простом предложении уточнителей, конкретизаторов союза. «*Казалось бы, все давно ждали войны, и все-таки в последнюю минуту она обрушилась как снег на голову*» (Сим.). Союзы в таких предложениях, в отличие от предложений однородного состава, обычно можно заменять, не меняя характера смысловых отношений, так как они выражаются здесь уточнителями союза. Ср.: *Казалось бы, все давно ждали войны, но (а) все-таки... она обрушилась как снег на голову.*

Поскольку во втором простом предложении содержатся показатели смысловых отношений, переставить части в таких сложносочинённых предложениях нельзя, такие предложения синонимичны сложноподчинённым: «*В сенате ему* (Нехлюдову) *было лучше, но то же сознание неудовлетворенности преследовало его»* (Л. Н. Т.). Данное предложение легко преобразовать в сложноподчинённое предложение с придаточным уступки: *Хотя в сенате ему было лучше, но то же сознание неудовлетворенности преследовало его.*

Сложносочинённые предложения, в которых в качестве подлежащего в первом и во втором предложении выступает одно и то же лицо или один и тот же предмет, обычно синонимичны так называемым предложениям с однородными сказуемыми. Второе подлежащее в этом случае, при преобразовании предложения в синонимичное простое, опускается: *«Он подставил под ливень фуражку и напился вдоволь, но* (он) *был голоден»* (Седых).

По значению все сложносочинённые предложения делятся на соединительные, разделительные, противительные. При соединительных отношениях перечисляемые явления одновременны или совершаются последовательно: *«И перья страуса склоненные в моем качаются мозгу, и очи синие бездонные цветут на дальнем берегу»* (Блок).

При разделительных отношениях события или 1) чередуются (при союзах **или, либо, то—то**), или 2) взаимно исключают друг друга, и оба являются предполагаемыми, но не реальными (при союзах **или, либо, не то — не то**): 1) *«То лист вдоль пути пронесется и робко к ноге припадет, то тень в ожидании солнца уйдет в незаметный полет»* (Т. Кузовлева); 2) *«Не то кто-то стукнул в окно, не то ветка обломилась»* (Сераф.).

При противительных отношениях (с союзами **а, но, да, однако, зато**) одно событие противопоставлено другому: *Мы боролись со стихией, но волны захлестывали лодку.*

Простые предложения, входящие в состав сложносочинённых, отделяются друг от друга запятой: *«В эти ранние часы ветер еще не беспокоит ее* (реки) *лоно, и оно... сияет ровным светом, прозрачное и прохладное, как хрусталь»* (В. Закруткин).

Простое предложение с однородными сказуемыми часто очень похоже на сложносочинённое, но в нем перед союзом **и** запятая не ставится: *Ветер стих и лишь изредка шевелил верхушки деревьев.* Ср.: *Ветер стих, и лишь изредка он шевелил верхушки деревьев.*

Сложносочинённые предложения могут состоять из трех и более простых предложений. В предложениях открытой структуры отношения между всеми простыми предложениями окажутся одинаковыми: *Погода испортилась. Подул ветер, и луна начала одеваться тучами, и на море поднялся туман.* В данном случае в сложносочинённом предложении соединительные отношения между всеми простыми предложениями (они выражаются союзами **и — и**).

Однако чаще встречаются такие предложения, где комбинируются разные сочинительные отношения (соединительные и противительные и др.): *«К вечеру солнце было чисто на западе, но с другой стороны погромыхивали тучи, и трудно было угадать, обойдется ли без грозы в эту ночь»* (Пришв.). В данном предложении отношения между первым и вторым предложением противительные с уступительным оттенком, между вторым и третьим предложением — соединительные с оттенком следствия. Последнее простое предложение в составе сложносочинённого имеет зависимое изъяснительное придаточное, которое связано с ним союзом **ли**.

Сложные предложения с сочинением и подчинением — это предложения, которые сами состоят из трех и более простых предложений и имеют в своем составе сочинительные и подчинительные союзы, связывающие эти простые предложения. Такие предложения представлены двумя разновидностями: 1) В первой из них основной связью является сочинение, и части сложносочинённого предложения сами представляют собой сложноподчинённые предложения.

2) Во второй разновидности основной связью является подчинительная; главная часть же представляет собой сложносочинённое предложение.

Например: 1) «*На темном небе начинали мелькать звезды, и мне показалось, что они гораздо выше, чем у нас, на севере*» (Л.).

2) «*После того как солнце скрылось за горами, лучи его еще золотили верхушки деревьев, а в долинах бродили сумеречные тени*» (Арс.).

В сложных предложениях, где главная часть — сложносочинённое предложение с союзом **и**, запятая перед этим союзом не ставится: *Можно получить хороший урожай и любая земля может стать плодородной, если работать упорно, с любовью.*

Служебные части речи — это союз, предлог, частица. Служебные (незнаменательные) части речи не обладают лексическим значением, то есть они не называют предметов, признаков, действий. Служебные слова выражают отношения между самостоятельными частями речи: подъехать **к** дому, книги **и** тетради. Иногда говорят, что выражаемые отношения и есть лексическое значение служебных частей речи. Например, предлог «под» обозначает расположение под чем-либо. Но даже эти элементы лексических значений более или менее явно выражают производные слова, то есть те служебные слова, которые первоначально были знаменательными. Так, предлог «под» произошёл от существительного «под», которое обозначало «низ русской печки». Ср. также «прозрачные» по значению производные предлоги «в течение», «вследствие», «несмотря на» и под.

Поскольку служебные части речи не называют предметов, признаков, действий, они не могут быть членами предложения. К служебным словам нельзя поставить вопрос, как к знаменательным частям речи.

Все служебные части речи — это слова неизменяемые, то есть не имеющие форм словоизменения.

Служебные части речи противопоставлены знаменательным (см. *Знаменательные части речи*) и междометиям, которые не относятся ни к служебным, ни к знаменательным словам.

Собирательные существительные — см. *Лексико-грамматические разряды*.

Собственные имена — см. *Лексико-грамматические разряды*.

Согласный звук — см. *Звук*.

Согласование — такой способ подчинительной связи, при котором зависимое слово уподобляется в своих формах главному слову. При согласовании зависимое слово стоит в тех же формах, что и главное слово, и при изменении форм главного слова соответственно меняется форма зависимого: «Белеет парус одинокий в тумане моря голубом» (Л.). В предложении «белеет» согласуется с подлежащим «парус» в числе (ср.: паруса белеют); определение «одинокий» согласуется с подлежащим «парус» в м. роде, ед. числе, им. падеже (ср.: паруса одинокого и т. д.), определение «голубом» согласуется со словом «в тумане» в м. роде, ед. числе, Пр. падеже (ср.: тумана голубого).

Согласование может быть неполным, если уподобляются не все общие формы согласующихся слов: *ребенок рос послушным*. Слова «ребенок» и «послушным» согласуются в роде, числе, но не падеже.

Состав слова — это упорядоченное единство входящих в слово значимых его частей — корня, приставки, суффиксов, окончания. Состав слова устанавливается в результате членения слова, которое состоит из двух этапов: 1) отделение основы от окончания путем изменения форм слова: *ид|у| — ид|ет| — ид|ёшь|* ; 2) выделение частей основы (если она производная) путем последовательного подбора родственных слов: преподавательниц|а| — преподаватель| | — преподава|ть| — препода|ть| — пода|ть| — да|ть| — да|ю| . Вывод: в слове «преподавательниц|а|» две приставки, корень *да* и три суффикса *-ва, -тель, -ниц*. Разбор слова по составу надо отличать от словообразовательного анализа, при котором определяется способ образования слова — слово «преподавательница» непосредственно образовано от слова «преподаватель», путем прибавления к производящему слову суффикса «ниц» и окончания «а».

Состав слова исторически может претерпевать различные изменения: становиться проще — членимая основа превращается в нечленимую («порошок — ср.: «порох»; «подушк|а|» — ср.: ушко — ухо — то, что подкладывается под ухо).

Одна морфема может превращаться в другую (например, окончание краткой формы ср. рода стало и суффиксом наречия: *быстро, грустно*. Если эти слова прилагательные, то «о» — окончание, если наречия, то «о» — суффикс).

Социолингвистика (социальная лингвистика) — раздел языкознания, изучающий те процессы в языке, которые обусловлены социально, то есть изменениями в своем обществе. Как видно даже из названия, социолингвистика возникла на базе двух наук — социологии и языкознания. Социолингвистика изучает проблемы социальной, функциональной, профессиональной дифференциации языков, сознательного воздействия общества на язык.

Интерес к социальной стороне языка очень характерен для русской лингвистики. Основоположниками социолингвистики в русском языкознании считают В. М. Жирмунского, Б. А. Ларина, Е. Д. Поливанова. Именно в их работах отмечено, что каждая социальная группа обладает своими интеллектуальными особенностями и, следовательно, — своим языком.

Социальными причинами можно объяснить изменение значений слов: если слово переходит из более широкой социальной группы в менее широкую, его значение сужается, при обратном процессе — значение расширяется. Заимствования из одного языка в другой тоже в ряде случаев объясняются социальными факторами: торговые, политические, религиозные и прочие контакты народов позволили ввести новые элементы из других языков.

Один из основных вопросов, который находится в центре внимания социолингвистики, — соотношение между социальными общностями людей и их языками. Различают несколько ступеней развития человеческого общества, древнейшее из которых — первобытное стадо и позже — родовая община. Мы не знаем точно, какова была структура языка в ту далёкую эпоху. Знаем, что древнейшая человеческая речь зазвучала в первобытных стадах обезьянолюдей более полумиллиона лет тому назад. Философы, психологи, лингвисты считают, что человеческая речь на начальных этапах не членилась на слова, члены предложения, части речи, морфемы, фонемы и проч. А. А. Потебня по этому поводу писал: Как зерно растения не есть ни лист, ни цвет, ни плод, ни всё это вместе взятое, так и слово вначале лишено ещё всяких формальных определений, не есть ни существительное, ни прилагательное, ни глагол. Слово вначале может быть только указанием на чувственный образ, в котором нет ни качества, ни предмета, но всё это в нераздельном единстве. В родовом обществе происходит первое усложнение человеческой речи — появляется противопоставление двух главных членов предложения. Родовой строй предполагает наличие семьи и племени, объединённых на основе кровного родства. Племя отличает и особый, лишь ему свойственный диалект. На основе племён и их союзов возникает народность. Для языка народности характерно преодоление племенной диалектной разобщённости и образование общего языка. Язык народности часто имеет свою образцовую форму — литературный язык. Высшая ступень в развитии этнических объединений — нация. Для нации характерна не просто общность территории, но и экономическая, культурная; духовная общность, национальное самосознание. Язык нации обязательно имеет литературно-письменную форму, и литературный язык обладает широким распространением и самыми разнообразными функциями

Национальный язык составляет единство, но в то же время это система систем или система со своими подсистемами. Во-первых, язык территориально членится на ряд диалектов. Во-вторых, язык неоднороден, потому что носители языка отличаются по возрасту, образованию, роду занятий, профессии. Поэтому можно сказать, что внутри данного языка, имеющего единую систему произношения и граммтических форм, выделяется столько особых словарей, сколько есть социальных групп.

Сочинительные союзы соединяют однородные члены, а также простые предложения в составе сложносочинённого. Сочинительные союзы могут быть соединительными, противительными, разделительными. К соединительным относятся союзы **и, да, тоже, также, да и, не только, но и, как так и**; к противительным: **а, но, да, однако, же, зато**; к разделительным: **или, либо, то—то, не то—не то, то ли — то ли, ли—ли.**

Союз **то—то** всегда выражает чередование явлений: *То ветер завоет, то гром загремит.* Союз **не то — не то** выражает взаимное исключение перечисляемых явлений; говорящий в таком случае колеблется, не знает, какое из них является реальным, существует в действительности: «*Раздался стук: не то ветка обломилась, не то кто-то бросил камень в окно*» (Сераф.).

Значение союзов соответствует основным смысловым отношениям в простом и сложносочинённом предложениях. Оттенки же этих отношений передаются конкретизаторами — уточнителями синтаксических значений следствия, уступки, ограничения, возмещения и др. Сюда относятся слова **потому, поэтому, следовательно, однако, зато, все же, тем не менее** и др. Слова эти обычно употребляются вместе с сочинительными союзами: «*Был промежуток между скачками, и поэтому ничто не мешало разговору*» (Л. Н. Т.), «*Ходить по улицам было опасно, но все же Гаврик обязательно появлялся*» (Кат.). В последнем случае сочетание «все же» усиливает, конкретизирует противительно-уступительные отношения.

Союз — это служебная часть речи, которая связывает члены предложения или простые предложения в составе сложного. По морфологическому составу союзы делятся на простые и составные: простые союзы морфологически неделимы (**и, а, но, когда, если**); составные союзы расчленяются на отдельные компоненты (**потому что, в то время как**).

По синтаксическим функциям союзы делятся на сочинительные и подчинительные. Сочинительные союзы соединяют однородные члены предложения, а также части сложносочиненного предложения. По своему значению эти союзы делятся на: а) соединительные — **и, да, ни-ни, не только, но и, тоже, также**; б) противительные -**а, но, да** (в значении «но»), **зато**; в) разделительные **или, либо, то—то, не то — не то**.

Подчинительные союзы связывают простые предложения в составе сложноподчиненного. По значению подчинительные союзы делятся на следующие разряды: а) временные — **когда, пока, едва**; б) причинные — **потому что, так как, оттого что, ибо**; в) целевые — **чтобы, для того чтобы**; г) условные — **если**; д) уступительные (указывающие на противоречие одного события другому) — **хотя, несмотря на то, что, пускай**; е) сравнительные — **как, как будто, словно**; ё) изъяснительные (указывают на то, о чем говорится) — **что, будто, чтобы**.

Союзные слова — это местоимения или местоименные наречия, которые употребляются для связи простых предложений в составе сложного предложения. Вопросительные местоимения, относя придаточное к главному, могут становиться относительными, то есть употребляться как союзные слова.

Союзные слова — местоимения могут указывать на

какое-то слово в главном и замещать его, могут сохранять вопросительное значение и т. д. В определительных предложениях они всегда замещают имя существительное, которое названо в главной части и которое определяется придаточным: «*Василий Антонович вспомнил его добрую, гостеприимную жену, которая так радушно угощала пирогами*» (В. Кочетов). В данном предложении союзное слово **которая** замещает существительное «жена» и является в придаточном предложении подлежащим: «которая = жена».

Союзное слово может замещать и целое главное предложение или его часть: *Отец долго не возвращался, что беспокоило всю семью.* Здесь союзное слово — подлежащее замещает содержание всего главного предложения в придаточном присоединительном.

И, наконец, в изъяснительных (дополнительных, подлежащных) предложениях союзное слово ничего не замещает и сохраняет частично вопросительное значение: *Пусть знают, на что я способен.*

Таким образом, в разных сложноподчинённых предложениях союзные слова ведут себя по-разному. Объединяет их и отличает от союзов только одно — все они являются членами придаточного предложения. Союзы членами предложения не являются. Их иногда можно опустить. Союзные же слова опустить нельзя. Ср.: *Я вижу, что вы рады учиться, Я вижу: вы рады учиться.* Но: *Я вижу, что вы делаете.*

Союзы как синтаксическое средство связи — служебные слова, которые соединяют члены простого предложения или простые предложения в составе сложных предложений в единое синтаксическое целое и выражают отношения между ними. Все союзы делятся на сочинительные и подчинительные.

Сочинительные союзы одинаково часто употребляются и в простом предложении (соединяют однородные члены), и в сложном. Они всегда находятся между соединяемыми ими компонентами: *Шел дождь, и дул ветер.* Ср.: *Дул ветер, и шел дождь.* «*Целый день я находился под впечатлением этой очаровательной и могущественной музыки*» (А. Куприн).

Подчинительные союзы в простом предложении употребляются редко; в сложном они входят в состав придаточного предложения: *Машина зажгла фары, так как в лесу стемнело* и *Так как в лесу стемнело, машина зажгла фары* (при перестановке предложений союз остается в придаточном).

Сочинительные союзы могут быть повторяющимися и двойными: *С неба на нас обрушился не то дождь, не то снег.* Повторяться могут соединительные союзы (**и, да**) и разделительные (**либо—либо, или—или, то—то, не то — не то**).

К двойным относятся союзы **не только — но и; как—так и,** и др.

Подчинительные союзы делятся на простые: **что, чтобы, ибо, как, хотя** и др. и составные, которые в свою очередь до́лжно разделить на членимые и нечленимые. К нечленимым составным относятся **так как, как только,** и др. К членимым — **потому что, оттого что, ввиду того что,** и др.

При расчленении союза первая его часть становится членом главного предложения и подчеркивает значимость придаточного, акцентирует внимание на его содержании: «*Пьер не отвечал, потому что ничего не слыхал и не видел*» (Л. Н. Т.). Ср.: *Пьер не отвечал потому, что ничего не слыхал и не видел.*

Некоторые союзы образованы от соответствующих предлогов путем прибавления к ним сочетания **то что:**

благодаря — благодаря тому что, вследствие — вследствие того что, в связи с — в связи с тем что, и т. д. Ср.: <u>В связи</u> с дождем матч не состоялся (предлог связывает члены предложения) и <u>В связи с тем</u> что пошел дождь, матч не состоялся — союз связывает простые предложения в составе сложноподчинённого).

Способы словообразования — выделяются в зависимости от того, каким путем образуется новое слово. Способ, при котором слово образуется сложением значимых частей — основы и суффикса, основы и приставки, двух и более основ, — называется морфологическим.

Внутри него выделяется суффиксальный способ, когда к основе присоединяется суффикс (мор|е| — морск|ой|, озер|о| — озерный), приставочный (учить — выучить), смешанный, с одновременным присоединением к основе приставки и суффикса (стакан — подстаканник, берег — прибрежный); сложение основ (теплоход, грязелечебница).

К этому же морфологическому способу относят и бессуффиксный, хотя он характеризуется не сложением, а усечением значимой части слова — суффикса (широкий — ширь, глубокий — глубь).

Разные морфологические способы словообразования легко вступают в комбинации друг с другом: к производящей основе одновременно могут присоединяться суффикс и приставка, сложение основ может сопровождаться суффиксацией (железнодорожный, мореплаватель) и т. п.

В некоторых случаях слова образуются путем перехода из одной части речи в другую: «военный (человек), столовая (комната)». При этом меняются морфологические и синтаксические признаки слова.

В приведенных примерах прилагательные перестают применяться по родам, перестают быть определениями, становятся дополнениями или подлежащими. Такой способ называют морфолого-синтаксическим.

Новые слова иногда образуются путем переосмысления слова, приобретения им нового значения: «дворник» — человек, заботящийся о чистоте двора, улицы, и «дворник» — прибор, очищающий стекло в автомашине.

Спряжение — это изменение глаголов по лицам и числам. Спрягаются глаголы только в изъявительном наклонении в настоящем и будущем времени (об этих грамматических значениях глагола см. *Непостоянные признаки глагола*).

Изменяясь по лицам и числам, глаголы приобретают разные личные окончания, и в зависимости от окончаний выделяется два типа спряжения. Глаголы, которые имеют окончания **-ешь, -ет, -ем, -ете, -ут, -ют**, относятся к I спряжению, а глаголы, которые имеют окончания **-ишь, -ит, -им, -ите, -ат, -ят**, относятся ко II спряжению.

Важно правильно определить тип спряжения, чтобы не ошибиться в написании личных окончаний глагола. Чтобы определить, какого спряжения глагол, нужно посмотреть, куда падает ударение: на окончание или на основу. Если ударение падает на окончание глагола, то определить спряжение нетрудно на слух, по окончанию: у глаголов I спряжения в окончаниях пишется и произносится -ё, а у глаголов II спряжения — -и. У глаголов I спряжения в 3-м лице мн. ч. окончания -ут/ют, а у глаголов II спряжения — -ат/ят.

Если же ударение в глаголе падает на основу, по безударным личным окончаниям определить тип спряжения трудно. Тогда нужно посмотреть на инфинитив. Ко II спряжению относятся те глаголы с безударными личными окончаниями, которые в инфинитиве оканчиваются на -ить (кроме *брить, стелить* и приставочных образований от них), а также одиннадцать глаголов-исключений (оканчивающихся на -еть и на -ать): *гнать, держать, смотреть* и *видеть, дышать, слышать, ненавидеть, обидеть, терпеть, зависеть, вертеть* (в таком порядке эти глаголы легче запомнить). Остальные глаголы с безударными личными окончаниями относятся к I спряжению.

Кроме глаголов I и II спряжения, есть так называемые разноспрягаемые глаголы, которые спрягаются частично по I, а частично по II спряжению: это глаголы «хотеть», «бежать» и приставочные образования от них.

Сравнительный оборот — компонент, осложняющий простое предложение и выражающий сравнительное значение. Сравнительный оборот присоединяется к остальной части предложения союзами **как, словно, будто, как будто, точно** и др.: «*И кажется, вот-вот начнут твориться, как в мудрой русской сказке, чудеса*» (Н. Рыленков).

Сравнительный оборот может состоять из одного слова: «*Одною общею судьбою, навеки связанный с тобой, горжусь, как матерью, тобою*» (С. Васильев) — и может представлять собой развернутое словосочетание: «*Словно зеркало русской стихии, отстояв назначенье свое, отразил он* (Пушкин) *всю душу России!*» (Н. Рубцов).

Перед сравнительными союзами обычно ставится запятая.

Запятая не ставится лишь тогда, когда оборот со сравнительным союзом является устойчивым: *Дождь льет как из ведра.*

Сравнительный оборот в предложении обычно является обстоятельством и в этом случае обособляется. Не обособляется сравнительный оборот в роли сказуемого: «*Обложка или переплет как маленькая дверца, приоткрывающая вход и доступ в область сердца*» (Е. Долматовский).

Старославянизмы — слова, вошедшие в русский литературный язык из старославянского языка. Старославянский язык — это язык переводов богослужебных книг с греческого на древнеболгарский. Переводы осуществляли в XI в. славянские просветители Кирилл и Мефодий. В основе своей этот язык — древнеболгарский, но усвоивший богатства греческого и латинского. После принятия христианства старославянский язык через книги религиозного содержания проник в Киевскую Русь. На этом языке совершалась церковная служба, произносились проповеди, писались «жития святых» и под. Старославянский язык иногда называют «восточной латынью» (сравнивая с ролью латыни в католической Европе). Из старославянского языка в русский пришли многие слова, одни из которых обрусели, слились с чисто русской лексикой, другие сохранили свои отличительные черты. Отличительные признаки старославянской лексики:

а) в тематическом плане старославянизмы — это по преимуществу слова из сферы религиозной, церковной: *храм, богослужение, крещение, молитва.* Много также терминов культуры, науки: философии, языкознания и др., например: *сказуемое, подлежащее, глагол, существительное, мудрость, истина.* Большинство старославянизмов — это слова, абстрактные по значению;

б) фонетические признаки старославянизмов таковы:

191

неполногласные сочетания на месте русских полногласных (**-ра, -ла, -ре, -ле** в корнях между согласными при русских **-оро, -оло, -ере, -еле**, например: *страна, страж, власть, брег, врата, злато*. Ср. русские: *сторона, сторож, волость, берег, ворота, золото*). Приметой старославянизмов является начальное «е» вместо «о» (*единый, единица*, при русск. *один, одинокий*), начальное «ю» вместо «у» — *юродивый* (при русск. *урод, уродливый*). Характерно для старославянизмов сочетание «жд» на месте характерного для русского языка «ж». Так, старославянизмами являются слова *вождь, гражданин* (русское — *горожанин*), *жажда, между* (ср. *межа*), *надежда* (ср. *надёжный*), *одежда* (ср. *одёжка*), *чуждый* (ср. *чужой*);

в) старославянизмы обладают рядом морфологических примет: суффиксы существительных **-тель** (*учитель, утешитель, воспитатель*), **-ствие** (*путешествие, бедствие*), **-знь** (*жизнь, боязнь*), **-ыня** (*гордыня, святыня*); приставки **воз-, из-, чрез-, низ-** (*возбудить, воспитать, чрезмерный, низвергнуть, избрать*); первые части сложных слов благо-, добро-, зло-, суе- (*благодарить, благословить, добродетель, злословить, суеверие, суесловить*).

При сравнении старославянизмов с исконно русскими словами обращает на себя внимание, что на долю старославянизмов выпадает обозначение более общих или более отвлеченных понятий: *влачить — волочить, страж — сторож, здравый — здоровый*.

Старославянизмы, по их роли в русском литературном языке и по их стилистической окраске, можно разделить на три группы:

1. Старославянизмы нейтральные — не окрашенные ни книжностью, ни устарелостью, это самые обычные слова — *время, враг, сладкий* (ср. старые русские слова *веремя, ворог, солодкий*), а также — *среда*,

художник, начальник, здравствуй, храбрый (ср. русск. *хоробрый*), *совет, облако, польза, праздник, плен* (ср. русск. *полон*)

2. Старославянизмы — устаревшие слова, архаизмы. Они употреблялись в поэзии XVIII—XIX вв., изредка встречаются в современных поэтических текстах: *хлад, брег, младость, длань, ланиты, глас, древо, град, злато, глава, отверзать* и др.

3. Старославянизмы — книжные слова, они либо имеют оттенок книжности, либо употребляются преимущественно в языке официальных документов, либо принадлежат к «высокой» лексике: *изобличать, грядущее, иссякнуть, благо, достопримечательность, воплощение, истина, созидательный, предтеча, воспламенить, возникновение.*

Таким образом, старославянизмы — это наиболее важный, значительный пласт лексических заимствований в русском национальном языке.

Степени сравнения — это грамматическая категория качественных прилагательных и наречий, выражающая разницу в мере проявления признака: *красивый — красивее — красивейший.*

Существует две степени сравнения — сравнительная и превосходная. Сравнительная степень обозначает, что какой-то признак проявляется в предмете в большей или меньшей степени, чем в другом. Сравнительная степень бывает простой и сложной. Простая сравнительная степень образуется с помощью суффиксов: -ее (-ей): *красивый — красивее;* -е: *большой — больше;* -ше — *старый — старше.* Простая сравнительная степень — это неизменяемое слово, ему не свойственно изменение ни по родам, ни по числам, ни по падежам (как другим формам прилагательного). Сложная сравнительная степень образуется с помощью слов «более» и «менее»: *более красивый, менее красивый*. Сложная сравнительная степень изменяется по родам, числам и падежам.

Превосходная степень тоже бывает простой и сложной. Простая превосходная степень образуется с помощью суффиксов **-ейш-, -айш-**: *красивейший, сладчайший*. Сложная превосходная степень образуется с помощью слов «самый», «наименее», «наиболее» — *самый красивый, наиболее способный*. Прилагательные в форме превосходной степени изменяются по родам, числам, падежам.

Сравнительные степени прилагательных по форме совпадают со сравнительными степенями наречий, ср.: *Новая книга лучше старой* и *Новая книга оформлена лучше старой*. В первом случае — сравнительная степень прилагательного, так как ею поясняется имя существительное, а во втором — сравнительная степень наречия, так как она относится к глагольной форме. Таким образом, разграничить степени сравнения прилагательного и наречия можно только в составе предложения.

Стилистика — 1. Раздел языкознания, изучающий различные стили (функциональные стили, индивидуальные стили писателей и под.). 2. Учение о выразительных средствах языка и их использование в различных сферах речевого общения. В современных школьных учебниках стилистика не выделяется в виде отдельного раздела, но материалы по стилистике введены во многие темы и упражнения. В IV—VIII классах происходит знакомство с научным, публицистическим, художественным, официально-деловым стилями. (См. *Стиль функциональный*.) Нужно иметь в виду, что стихийно человек овладевает только разговорно-бытовым стилем (если он растет, общается в соответствующей языковой среде). Овладеть же другими стилями можно только специально изучая их особенности и произведения, соответствующие этим стилям.

Стиль функциональный — разновидность общелитературного языка, выделяемая в соответствии с основными функциями языка. Чаще всего выделяют следующие функциональные стили русского языка: научный, официально-деловой, публицистический, художественный и разговорно-бытовой. В последние годы часто говорится о становлении особого — религиозно-проповеднического — стиля в современном русском языке.

Научный стиль обслуживает сферу науки. Для этого стиля характерно использование большого количества специальной терминологии. В научном стиле господствуют точность, логичность, мысль здесь строго аргументируется. Эмоционально-экспрессивная лексика используется ограниченно, а нелитературная лексика недопустима.

Подвидом научного стиля является стиль научно-популярный. Само название его говорит о том, что этот стиль используется в текстах, популяризирующих научные знания (например, в журналах типа «Наука и жизнь» или в школьных учебниках).

Официально-деловой стиль обеспечивает общение в официальной сфере. Этот стиль требует точности формулировок, не допускающих различного толкования; для этого стиля неизбежен стандарт (например, есть стандартные обороты речи, принятые в заявлениях, отчетах, постановлениях и других документах). Существует широкий круг устойчивых оборотов деловой речи: вступать в законную силу, обжалованию не подлежит, передать в соответствующие инстанции, без уважительной причины, в установленном порядке, в случае неявки, по истечении срока и под. Очень важно не только усвоить эти обороты и пользоваться ими в соответствующих ситуациях, но и понять, что подобные обороты уместны только в ограниченной сфере. Если официально-канцелярские слова проникают в разговорную речь, то это не что иное, как порча, коверканье языка. Если в неофициальной обстановке звучит «объявить благодарность», «принять административные меры», «наложить штраф», «поставить в известность», то это, по выражению писательницы Норы Галь, проявление «самой злокачественной болезни нашей речи — канцелярита». О губительном влиянии «канцелярита» на живой язык прекрасно написано в книге К. И. Чуковского «Живой как жизнь».

Публицистический стиль реализуется прежде всего в газетных текстах. Это сложное и неоднозначное явление, особенно сегодня, когда язык массовой коммуникации (язык газет, журналов, радио, телевидения) приобретает многие новые черты, прежде ему не свойственные. Поскольку важнейшие функции газеты — это информативность и воздействие на читателя, языку газеты свойственны такие черты, как лаконичность, экспрессивность, эмоциональность, лозунговость (призывность), рекламность и в то же время в ряде случаев — официальность, сдержанность, подчеркнутая документальность.

Художественный стиль проявляется в языке произведений художественной литературы. Так как особенности литературного произведения зависят от многих условий (художественное течение, к которому принадлежит автор, жанр литературного произведения и мн. другое) назвать общие признаки этого стиля непросто. Однако при всех неповторимо-индивидуальных стилистических особенностях отдельных произведений общим является принцип отбора языковых средств. Этот принцип связан с реализацией эстетической функции. Художественная речь включает в себя разнообразные эмоциональные, экспрессивные средства, с помощью которых достигается образность.

Разговорно-бытовой стиль используется в повседневном общении людей, владеющих нормами литературного языка. Разговорный стиль допускает употребление просторечных элементов, не имеющих грубой окраски. На всех уровнях языка есть элементы с ярко выраженным разговорным оттенком. Так, разговорными являются суффиксы со значением ласкательности, неодобрения, увеличительности: мамочка, кривляка, домище, холодина и под. Приметой разговорной речи являются междометия. Порядок слов в разговорной речи более свободный, чем в книжно-письменной речи.

Религиозно-проповеднический стиль обслуживает особую сферу человеческой жизни, связанную с конфессиональной (религиозной) деятельностью. Совсем недавно считалось, что эта деятельность находится на периферии общественной жизни, поэтому не шла речь и об особом религиозно-проповедническом стиле. Сегодня, когда деятели церкви выступают по телевидению, когда «закон божий» вводится как учебный предмет в некоторых школах, можно говорить о становлении (точнее — о возрождении) этого стиля.

Религиозно-проповеднический стиль реализуется в таких жанрах, как проповедь, молитва, притча и др. Наиболее яркой особенностью этого стиля является постоянное обращение к тексту Библии — к библейским образам, сюжетам, мыслям. Этому стилю присуща своя терминология (Сын Божий, ангел, Святой Дух). К сожалению, сегодня обращение к религии для многих людей — только дань моде. Такие люди используют библейские образы, не понимая их смысла. Например, в газетных заголовках часто встречается оборот «Страсти по...» в значении «страдания вокруг кого-то». Академик Д. С. Лихачев пишет, что ему даже встретился заголовок «Страсти по слону», касающийся проблем зоопарка. На самом же деле «страсти» — муки Христа в интерпретации одного из евангелистов. Так что упомянутый заголовок означает ни больше ни меньше как «Евангелие от слова».

Итак, стили языка составляют сложную систему. «Язык выполняет свое назначение лишь постольку, поскольку в нем есть стилевая дифференциация», — писал академик В. В. Виноградов. Владение литературным языком предполагает умение понимать и создавать самому тексты, соответствующие основным функциональным стилям.

Супплетивные формы — формы одного и того же слова, образованные от разных корней. Термин происходит от франц. suppletif — добавочный. В русском языке есть супплетивные формы числа (*человек — люди*, не «человеки»), вида (*брать — взять, ловить — поймать, класть — положить*), степеней сравнения (*хороший — лучше, плохой — хуже*). С помощью супплетивных форм изменяются личные местоимения 1-го и 2-го лица: *я — мы, ты — вы.* Для русского языка супплетивный способ образования форм является непродуктивным, редким.

Суффикс — часть слова, которая стоит после корня или другого суффикса.

Присоединение его служит для образования новых слов (*сахар — сахарница, вода — водник*), а также для изменения формы слова. Формообразующие суффиксы не входят в основу слова. Сюда относится суффикс прошедшего времени -*л* — прыгал◌, бегал◌; суффиксы причастий, деепричастий, сравнительной и превосходной степени наречий: белый — беле́е, красивый — красиве́йший, нес — несу́щий.

Суффиксы могут быть нулевыми. Они выявляются на фоне слов с формально выраженными суффиксами: поли́вка — полив△, ширина́ — ширь△.

Присоединение суффикса, образуя новое слово, может изменять часть речи: учить — учи́тель, желез о — железн ый .

В суффиксах может наблюдаться чередование звуков, например, «к» — «ч», «т» — «ч» и др. (*цветочек, комочек, листочек. Ср.: цветок, комок, листок*). В последнем ряде слов один суффикс, в первом два: **-оч(к)** и **-ек.**

Один и тот же суффикс может встречаться в целом ряде слов. Однако некоторые суффиксы уникальны и встречаются только в одном-двух словах: *почтальон, почтамт, пастух, четверг* и т. п.

Суффиксальный способ образования слов (суффиксация) — один из наиболее распространенных и типичных для русского языка способов словообразования, когда новое слово образуется от производящей основы путем прибавления к ней суффикса.

Таким способом чаще всего образуются существительные и прилагательные: *выключать — выключатель, смелый — смельчак, наладить — наладчик; железо — железный, глина — глиняный.*

С помощью суффиксов образуются наречия (*дома, быстро, медленно*), реже — глаголы (*завтрак — завтракать, ужин — ужинать, хромой — хромать*).

Разновидностью суффиксации является нулевая суффиксация, когда слово образуется усечением суффикса. Так образуются от имен прилагательных, глаголов отвлеченные существительные (*глубокий — глубь, широкий — ширь, поливать — полив, пробежать — пробег, отрывать — отрыв*).

Иногда суффиксация сочетается со сложением основ (*земледелие, мореплаватель*) или с присоединением приставки. Одни и те же суффиксы вносят в основу при образовании разных слов одно и то же значение.

Так, суффикс **-от**, присоединяясь к основе прилагательного и образуя существительное, вносит в него значение отвлеченного признака (*краснота, доброта, глухота, высота* и др.).

Существительное (имя существительное) — знаменательная часть речи, которая обозначает предмет в широком смысле этого слова. Существительные — это и названия конкретных предметов, физических тел (*стол, книга, дом*), и названия людей, животных, растений (*студент, мальчик, волк, лиса, берёза, клён*), и названия абстрактных понятий (*честь, долг, совесть*), а также названия отвлечённых признаков (*белизна, краснота*) и действий (*бег, чтение*).

Морфологические свойства существительного связаны с такими категориями, как род (постоянный признак существительного; см. *Род*), число (бывает как постоянным, так и непостоянным признаком; (см. *Число*) и падеж (непостоянный признак, см. *Падеж*).

Общность этих категорий у различных по лексическому значению слов формирует существительное как отдельную часть речи. Ко всем существительным: конкретным, и абстрактным, вещественным и собирательным — можно поставить один и тот же вопрос: *кто это?* или *что это?*

Синтаксические функции существительных разнообразны, они могут быть любым членом предложения, однако самая типичная роль в предложении для русского существительного — это подлежащее или дополнение.

В зависимости от особенностей лексического значения, морфологических свойств и характерной сочетаемости существительные распределяются по лексико-грамматическим разрядам (см. *Лексико-грамматические разряды*).

Т

Тавтология — речевая ошибка, которая состоит в непреднамеренном повторении одних и тех же слов или слов, сходно звучащих.

Тавтология — очень распространенная ошибка у школьников всех классов. Причиной тавтологии является бедность словарного запаса, неумение пользоваться синонимическими ресурсами языка. Тавтология устраняется при редактировании текста, и помочь в этом могут словари синонимов, например, «Словарь синонимов русского языка» З. Е. Александровой, предназначенный именно для пишущих людей. В этом словаре 9 тысяч синонимических рядов, а объяснения слов сведены до минимума. Имеется в виду, что читатель словаря в общем владеет языком, но затрудняется в выборе наиболее точного слова из синонимического ряда.

Текст — сочетание предложений, связанных между собой по смыслу (одной темой) и грамматически. Предложения, даже сложные, почти никогда не употребляются в речи изолированно. Они связаны с другими предложениями по смыслу и грамматически и, объединяясь с ними, образуют текст.

В конкретном отрывке текста могут быть представлены разные типы речи: а) описание, б) повествование, в) рассуждение. Например:

а) «Стены комнат убраны картинами. Вокруг окон и над дверями находилось множество небольших картинок, которые как-то привыкаешь считать за пятна на стене и поэтому их вовсе не рассматриваешь. Пол почти во всех комнатах был глиняный, но так чисто вымазанный и содержащийся с такой опрятностью, какою, вероятно, не содержится ни один паркет в богатом доме...» (Н. Гоголь).

б) «Отлежавшись, Чагатаев пополз к ближнему бархану, где он заметил задутый наполовину песком куст перекати-поля. Он добрался до него, отломил несколько высохших ветвей и сжевал их, а оставшийся куст вырвал из песка и отпустил бродить по ветру. Куст покатился и вскоре исчез за барханами. Скатившись с бархана, Назар заснул у его подножия...» (А. Платонов).

в) Владеть навыками орфографии и пунктуации очень важно, так как даже от правильной постановки запятой зависит смысл текста. Значит, владея навыками правильного письма, мы владеем волшебной палочкой: наши мысли будут стройны и логичны, изложение их будет правильным и убедительным. А ведь это очень важно, если вы хотите достичь высот карьеры, управлять делами и людьми. В дореволюционной России, например, нельзя было даже представить себе косноязычного и безграмотного специалиста.

В тексте-описании представлены детали одной общей картины, описание предмета, лица, состояния, места. В тексте-повествовании дается динамическое развитие действия, одно действие сменяет другое. В тексте-рассуждении автором речи ставится цель что-то доказать, объяснить, мотивировать свои утверждения, опираясь на определенные доказательства своей правоты. Эта цель достигается за счет использования причинных, условных и др. сложноподчинённых предложений, выражающих логическую последовательность мысли.

В предложениях текста-повествования обычно употребляются глаголы-сказуемые в формах совершенного вида; в текстах-описаниях — в форме несовершенного вида.

Признаки текста:

1) Текст всегда состоит из двух или нескольких предложений, 2) они должны быть связаны по смыслу единством темы, 3) единая мысль и тема должны присутствовать в каждом предложении текста, и каждое последующее предложение должно своим содержанием повторить тему предыдущего и в то же время сообщить что-то новое, 4) в последующем предложении должны присутствовать показатели связи с предыдущим.

В отличие от предложения, которое позволяет выразить мысль, текст обеспечивает развитие мысли, развитие повествования. Каждое последующее предложение не только повторяет тему предыдущего, но и развивает его мысль, добавляя к высказанному нечто новое, которое сообщается обычно в конце предложения. При чтении (произнесении текста, новое, сообщаемое последующим предложением, всегда выделяется голосом. Ср.: *Через день приехал отец, Отец приехал через день.* Существенным для текста является весь комплекс приведенных выше признаков.

Схема анализа текста
1. Какого типа текст?
2. Каков характер связи предложений текста (цепная или параллельная связь)?
3. С помощью каких средств осуществляется связь меж-

ду предложениями в тексте (лексических и грамматических)?

4. Какова тема текста? За счет каких средств языка передается единство темы?

Термин — это слово или словосочетание, применяемое в науке, технике, искусстве. Название «термин» произошло от латинского terminus, что значит «предел, граница, пограничный знак». Термины относят к периферии лексического фонда языка, потому что термины, как правило, известны только специалистам. Так, лингвисты оперируют терминами «префикс, постфикс, безличное предложение, косвенное дополнение, однородное подчинение», математики — «дифференциальное исчисление», «биссектриса», «бесконечно малые величины». Однако сегодня проблемы науки, техники, искусства активно обсуждаются на страницах прессы, и таким образом какая-то часть терминов становится известна и неспециалистам. Кроме того, многие термины включены в школьные учебники (например, перечисленные термины лингвистики должен знать не только специалист, но и каждый школьник). Так что часть терминологической лексики логичнее отнести к основному словарному фонду языка.

Различаются термины, присущие лишь одной отрасли знания, и термины, применяемые в ряде наук, часто весьма далёких друг от друга. Например, термин «морфология» используется и лингвистами, и биологами. Этот термин позаимствовал у естественных наук немецкий учёный А. Шлейхер в XIX в., и с тех пор термином морфология обозначают раздел грамматики, изучающий формоизменение. Слово «ассимиляция» используется как термин в целом ряде естественных и гуманитарных наук.

В отличие от большинства обычных слов, термины,

как правило, однозначны. Термин — это точное обозначение понятия, применяемого в какой-либо отрасли знания. Правда, с развитием науки термины могут утрачивать однозначность. Например, в языкознании есть широкое и узкое понимание термина «словосочетание». При узком понимании словосочетаний к ним относят только объединения слов на основе подчинительной связи, причем слова должны относиться к знаменательным частям речи. При широком понимании термина к словосочетаниям относят и объединения слов, связанных сочинительной связью (типа *мать и дочь*), и сочетания существительного с предлогом (*в течение дня*). Так что авторам лингвистических работ нужно каждый раз оговаривать, какой смысл вкладывается в термин «словосочетание».

Сегодня терминолексика любого развитого языка исчисляется миллионами слов (в то время как общие толковые словари включают не больше двухсот тысяч слов). Такое множество терминологической лексики является неизбежным следствием развития науки, техники, искусства. Новые термины — это средство зафиксировать в языке новые понятия, актуальные для той или иной отрасли знания. Отраслевые термины фиксируются в специальных терминологических словарях. Есть специальные словари лингвистических терминов, среди которых самый известный — «Словарь лингвистических терминов» О. С. Ахмановой. Специально для учителей русского языка предназначен «Словарь-справочник лингвистических терминов» Д. Э. Розенталя и М. А. Теленковой.

Терминология 1. Совокупность терминов, связанных с определённой отраслью знания. 2. Раздел языкознания, изучающий терминолексику.

Каждая сфера человеческой деятельности связана с

набором определённых терминов. Термины каждой отрасли знания не хаотичны, а образуют систему, где у каждого элемента своё определённое место. Часто терминосистема базируется на основных понятиях, которые не определяются. Так, базовыми математическими терминами являются «точка», «прямая», которым не даётся определения. Но с помощью этих основных понятий толкуются многие другие термины.

Терминология представляет собой особый пласт лексики, который наиболее легко поддаётся сознательному регулированию, упорядочению. Нам известны авторы многих научных терминов. Учёные специально вводят новые слова в свой обиход (или используют имеющиеся, но в новом значении), если эти слова точно передают актуальные для той или иной концепции понятия. Так, Бодуэн де Куртене, который стремился выделить мельчайшие единицы языка на всех уровнях, ввёл в науку о языке термины «морфема», «графема» и «синтагма». Морфема — это минимальная значимая единица языка, графема — минимальная единица письменного языка, а синтагма — минимальная единица синтаксиса. Наибольшую известность приобрёл термин «морфема», из работ Бодуэна де Куртене он вошёл во все учебники, в том числе и школьные, по русскому языку. А другие термины в большей мере остались принадлежностью научной концепции учёного, хотя их, конечно, знают и используют специалисты по лингвистике.

В современных условиях некоторые терминосистемы оказываются актуальными не только для специалистов, но и для всех носителей языка. Сегодня к таким терминосферам относится, конечно, экономика. Так как человек оказался вовлечённым в систему рыночных отношений, он не может обойтись без «специальных» слов типа *инвестиция, дилер, брокер, акция, маркетинг, риэлтинг,* рентабельность, налоговая декларация, клиринг, бартер, инфляция, холдинг, протест векселя, кредитная карточка, ипотека, приватизация и мн. других. Если не усвоишь этих и многих других терминов, если не будешь ориентироваться в понятиях, обозначаемых этими терминами, то окажешься беспомощным в мире рыночной экономики. Помочь в овладении современной экономической терминологией могут многие словари, опубликованные в последние годы. Например: А. А. Амбарцумов, Ф. Ф. Стерликов «1000 терминов рыночной экономики». М., 1993; «Толковый словарь делового человека». Сост. Е. Д. Чацкис. Донецк, 1996; «Словарь делового человека» под ред. В. Ф. Халипова. М., 1994; «Энциклопедический словарь бизнесмена» под общ. ред. М. И. Молдованова. Киев, 1993, и мн. другие с аналогичными названиями.

Типы предложений выделяются по количеству грамматических основ, по цели высказывания, по эмоциональности, по количеству обязательных главных членов, по наличию второстепенных членов предложения.

По количеству грамматических основ предложения делятся на простые, где налицо одна грамматическая основа, и сложные, где их две или несколько; ср.: *«Светило солнце, и пели птицы»* и *«Пели птицы»*.

По цели высказывания предложения делятся на повествовательные, вопросительные и побудительные.

По эмоциональности предложения бывают восклицательными и невосклицательными. Ср.: *«Хорошо-то всё как!»* (М. Г.) и *«Глубокое молчание царило кругом»* (П.).

В зависимости от того, сколько главных членов присутствует в предложении — два (подлежащее и сказуемое), или один (только подлежащее или только сказуемое) предложения делятся на односоставные и двусоставные; ср.: «*Поздняя осень. Грачи улетели*». Первое предложение односоставное, второе — двусоставное.

Кроме того, предложение может быть осложнённым за счёт однородных обособленных членов, вводных слов, обращений:

> *Ах, поля мои, борозды милые,*
> *Хороши вы в печали своей!*
>
> (С. Есенин)

Данное предложение простое, повествовательное, восклицательное, двусоставное, распространённое, осложнённое (за счёт обращения).

Толковый словарь — словарь, содержащий слова с объяснением их значений. Толковый словарь обычно включает и грамматические пометы, например, каждое существительное в словаре снабжено пометой рода: м., ж., ср. или м. и ж. *Тюль* — м., *лень* — ж., *поле* — ср., *староста* — м. и ж. Есть в толковом словаре и стилистические характеристики, т. е. сведения об особенностях употребления слова, о сфере его распространения. Помета «разг.» обозначает, что слово пригодно только для разговорной речи и неуместно в строгой официальной обстановке, помета «книжн.» указывает, что, наоборот, слово не нужно использовать в повседневном общении, оно уместно в книжных стилях литературного языка. Так, в официальных документах употребляются слова «надлежит», «пребывание», «проживание», а в разговорной бытовой речи они были бы неуместны и даже смешны.

Слово в словаре может толковаться (объясняться) с помощью синонимов (*вольный* — свободный, *чело* — лоб) или с помощью логических определений (*следопыт* — это охотник, выслеживающий зверя). Смысл логического определения в том, чтобы найти более общее понятие, а затем указать различительные признаки того предмета, который определяется. Например, «Мышь — небольшой грызун с острой мордочкой и длинным хвостом». Грызун — слово, обозначающее более общее понятие, а индивидуальные признаки — «небольшой», «с острой мордочкой», «с длинным хвостом».

Есть много толковых словарей русского языка — от обширного, в семнадцати томах большого академического словаря до популярных однотомников. Несколько десятков изданий выдержал популярный «Словарь русского языка» С. И. Ожегова. В 1994 году вышло дополненное и переработанное издание этого словаря: С. И. Ожегов и Н. Ю. Шведова «Толковый словарь русского языка». М.: Азъ, 1994, в котором содержится 72 500 слов и 7 500 фразеологических выражений.

Транскрипция — 1. Это специальный способ записи речи для научно-лингвистических целей. С помощью фонетической транскрипции производится запись устной речи, имеющая целью наиболее точную передачу произношения. Дело в том, что орфография часто не отражает реального произношения: сочетания *жи-ши* пишутся с *и*, между тем шипящие произносятся твёрдо. Поэтому в транскрипции первый слог слова «жизнь» будет записан как [жы]. При транскрибировании не останется знаков, которые не обозначают звуков. Ср.: написание «мышь» и запись звучания этого слова в транскрипции [мыш]. На месте ударного и безударного о звучат разные звуки: мы произносим в[а]да, хотя пишем «вода», и эта особенность русского произношения обязательно находит отражение в транскрипции. Элементы транскрипции (так называемые орфоэпические пометы) применяются в толковых словарях. Так, помета «тэ» к слову «декольте» указывает на необходимость твёрдого произношения звука т в позиции перед е.

2. Транскрипция — передача звуков иноязычного слова (обычно имени собственного) при помощи букв русского алфавита. Ср.: *англ.* Shakespeare (Шекспир), *франц.* Rousseau (Руссо). Так как фонетические системы языков различаются, адекватная передача звуков чужого языка русской графикой бывает затруднена. Поэтому возникают варианты типа: Айседора Дункан — Исидора Дункан, Кратес — Кратет (имя древнегреческого учёного — философа и лингвиста) и под.

Троп — оборот речи, имеющий переносный смысл и служащий для достижения художественной выразительности. Троп основан на сопоставлении двух понятий, которые представляются близкими в каком-либо отношении. К тропам относят аллегорию, гиперболу, метафору, метонимию, олицетворение, перифразу, синекдоху, сравнение, эпитет. Само слово «троп» восходит к греческому «tropos», что значит «поворот».

Аллегория, или иносказание, выражает отвлечённое понятие в конкретном художественном образе. Например, в баснях и сказках хитрость и жадность аллегорически показываются в образе лисы, трусость — зайца и тому подобное. Аллегория может содержаться в названиях художественных произведений: «Белые одежды» В. Дудинцева как символ нравственной чистоты, «Камера-обскура» В. Набокова как символ абсурдного, «перевёрнутого» мира и под.

Гипербола — это троп, в основе которого лежит преувеличение какого-то качества, свойства. Условием гиперболизации качества является его наличие, хотя бы минимальное, то есть преувеличиваться не может нуль, нужна исходная величина: *«В сто сорок солнц закат пылал»* (В. Маяковский), *«Я вас не видел тысячу лет!»*

Олицетворение, иначе — персонализация, персонификация, — разновидность метафоры, в которой сопоставляются одушевлённые и неодушевлённые предметы, причём неодушевлённым предметам приписывают признаки одушевлённых: *«Изба-старуха челюстью порога жуёт пахучий мякиш тишины»* (С. Есенин).

Перифраза — троп, состоящий в замене названия лица или предмета описательным оборотом, в котором фиксируются их характерные черты: «Царь зверей» вместо «лев», «Город на Неве» вместо «Петербург», «Туманный Альбион», вместо Англия; «чёрное золото» вместо уголь и под.

Сравнение состоит в уподоблении одного предмета другом на основании общего признака. Отношения сходства, лежащие в основе сравнения, объединяют его с метафорой, но и при сравнении самостоятельность компонентов больше. Сравнение выражается: а) формой творительного падежа: *лететь стрелой, лить слёзы ручьём*; б) формой сравнительной степени прилагательного: *«Тени вечера волоса тоньше»* (Б. Пастернак); в) оборотами со сравнительными союзами: *«Плачет метель, как цыганская скрипка...»* (С. Есенин), *«Словно бледные в прошлом мечты, Мне лица сохранились черты И отрывки неведомых слов, Словно отклики прежних миров...»* (А. Блок).

Эпитет — это разновидность определения, которое отличается от обычного экспрессивностью, переносным значением. Эпитет может быть согласованным определением — «изумрудная трава», «серебряные седины», приложением: «ветер-бродяга», «май-чародей». Есть часто встречающиеся в народном поэтическом творчестве эпитеты — так называемые постоянные эпитеты: *море синее, поле чистое, красна девица, солнце красное.*

О метафоре, метонимии и синекдохе см. *Лексическое значение слова.*

Ударение — выделение голосом одного гласного в слове. Для обозначения ударения существует интернациональный термин — акцент, а раздел науки о языке, занимающийся изучением особенностей ударения, называется акцентологией. Выделение одного из слогов в слове может осуществляться разными способами: 1) ударный слог может произноситься с большей длительностью — такое ударение называется количественным; 2) гласный под ударением может произноситься более напряжённо — это силовое или динамическое ударение и, наконец, 3) ударный гласный может произноситься с повышением высоты тона. В русском языке ударение количественно-динамическое. В тех языках, где есть долгие гласные, количественный аспект уже не существен для выделения ударного слога (например, в немецком языке; в немецком, однако, существенную роль играет изменение высоты тона ударного гласного по сравнению с безударным). Повышение высоты тона характерно для восточных языков (японский).

Ударение — это признак знаменательного слова в целом. Обычно знаменательные слова в любой из своих словоформ имеют одно ударение, а служебные слова чаще не имеют ударения и вместе со знаменательным словом составляют фонетическое слово. Фонетическое слово — это либо одна словоформа, несущая на себе ударение, либо сочетание в потоке речи ударной словоформы с соседней безударной словоформой (реже с двумя безударными словоформами). Входящая в состав фонетического слова безударная может находиться либо перед ударной (она называется проклитикой — *у брата*), либо после ударной словоформы (энклитика — *отец бы*), наличие и энклитики и проклитики — *на бережок бы*. В качестве проклитик выступают, как правило, односложные предлоги и союзы: *на берегу, от магазина, и снег, и ветер*. Энклитиками обычно бывают односложные частицы: *он-то, принеси-ка, они ведь говорили, придёт ли он*. В некоторых случаях энклитиками могут становиться и словоформы знаменательных слов. Односложные предлоги, а также отрицательная частица, не предшествующая глаголам или кратким причастиям, иногда принимает на себя ударение, и тогда следующая далее словоформа оказывается безударной: *на́ берег, у́ моря, на́ два, по́ два, не́ был, не́ дан*.

В сложных по составу, а также в некоторых префиксальных словах возможны два ударения: наряду с основным словесным ударением в таких словах может быть второе — побочное, более слабое ударение. При наличии в слове двух ударений побочное ударение находится, как правило, ближе к началу слова, основное — к концу: *да́льневосто́чный, самолётостро́ение, су́перобло́жка, ко́е-что́*. Однако очень многие сложные слова не имеют побочного ударения: *водока́чка, междугоро́дный, полукру́г* и др.

В русском языке ударение не прикреплено к какому-нибудь определённому слогу (первому, последнему или предпоследнему) или к определённой части слова (к основе или флексии) и в разных словах может находиться на любом слоге словоформы и на любой морфеме: *бе́рег, това́рищ, молоде́ц, перевёз, увезла́* и т. д. Такое ударение называется разноместным. (Ср. в других языках: в английском — отчётливая тенденция к постановке ударения на третьем от конца слоге, во французском — на последнем слоге, почему все французские заимствования в русском языке имеют ударение на последнем слоге.) Разноместность русского ударения используется для различения разных слов, совпадающих по звуковому составу, или для дифференциации разных словоформ одного и того же слова: *му́ка — мука́, ру́ки* и *руки́* и т. п. Разноместность словарного ударения делает его индивидуальным признаком слова.

Указательные слова — это указательные местоимения и местоименные наречия, которые являются членами главного предложения и выполняют связующую роль, указывают на необходимость наличия придаточного предложения и его обобщенное значение.

Указательные слова, которые служат для связи его с придаточным, — **то, тот, такой, там, туда** и др. Например: *Туристы так устали, что не могли дальше идти; Отец рассказал мальчику ту сказку, которую они вместе когда-то читали; Ростов расположен там, где начинается дельта Дона.* В первом предложении указательное слово «так» указывает на меру и степень проявления действия-состояния «устали» и придаточное обстоятельственное — меры и степени. Во втором предложении «ту» является определением к слову «сказку» и придаточное, следовательно, определительное. В третьем — указательное слово — обстоятельство места и придаточное — тоже обстоятельственное места. Таким образом, по синтаксической роли указательного слова можно определить вид придаточного.

Указательные слова в сочетании с союзом **что** могут образовать составные союзы: **потому что, вследствие того**

что, несмотря на то что, и др. Например: «*На юг дерево простирает ветвей больше, чем в другую сторону, потому что в полуденные часы солнце очень щедро*» (Е. Носов). Ср.: *На юг дерево потому простирает ветвей больше, чем в другую сторону, что в полуденные часы солнце очень щедро*. В таком предложении «потому» — обстоятельство причины и, следовательно, придаточное — обстоятельственное причины.

От сложноподчинённых предложений с указательными словами надо отличать предложения с союзами, где слова «то», «так», и др. не являются членами предложения (**если — так, когда — то, так как — то** и др.). Например: «*Когда он ходил в университет, то обыкновенно случалось ему останавливаться на этом же самом месте*» (Дост.). В данном предложении «когда — то» — двойной союз и «то» не является членом предложения, к нему нельзя задать вопроса, в то время как указательное слово — член предложения.

Управление — способ подчинительной связи, при котором зависимое слово ставится по требованию главного в определенном падеже. При управлении зависимое слово не изменяется, если изменяют главное. (Ср.: *в тумане моря* и *над туманом моря*.) Этим управление отличается от согласования. Ср.: *дом отца, дома отца, к дому отца* — управление. Но *отцовский дом, отцовского дома, к отцовскому дому* — согласование. Следовательно, хотя зависимое слово в словосочетании «дом отца» и «отцовский дом» отвечает на один вопрос *какой?*, в первом случае, где при изменении главного слова не изменяется зависимое, налицо управление.

Уровень языка — подсистема языка, а также одна из фаз изучения языка, определяемая характером соответствующей языковой единицы. Обычно выделяют следующие уровни: фонетический, морфемный, лексический, синтаксический. Каждому из уровней соответствует своя языковая единица: звук (фонема), морфема, слово, словосочетание, причём единицы более низкого уровня служат строительным материалом для единиц более высокого уровня (морфемы состоят из фонем, слова из морфем, а словосочетания — из слов).

Само слово «уровень» вызывает представление о том, что одна подсистема как бы надстраивается над другой, и тем самым вся система языка оказывается строго упорядоченной. В то же время вопрос о членении языка на уровни очень сложен, и многие учёные по-разному представляют себе уровневую организацию языка. Например, по-разному решается вопрос о морфологии, которая в отличие от других уровней не имеет специфической единицы (морфология, как известно, изучает грамматические формы, т. е. слова в грамматическом аспекте). Далее: что считать основной единицей синтаксического уровня — словосочетание или предложение? На этот вопрос тоже нет однозначного ответа.

Уровни языка взаимодействуют друг с другом, и не только в том смысле, что единицы более высокого уровня состоят из единиц более низкого уровня. Например, связь лексики и морфологии проявляется таким образом: лексическое значение слова предопределяет его грамматическое поведение (абстрактное или вещественное значение существительных обусловливает ограничения в образовании числовых форм; то, что слова чернила, борьба, честь, сметана, молоко, белизна не изменяются по числам, связано с их лексическим значением). Морфологические характеристики слова (например, его частеречная принадлежность) определяют особенности словосочетаний, возможные с этим словом (прилагательные, называющие признаки предметов и имеющие словоизменительные категории рода, числа и падежа, согласуются с существительными, но не с глаголами и т. д.).

Утвердительные предложения характеризуются значением утверждения о наличии какого-то события, факта, явления. Значение утверждения противоположно значению отрицания: «*Прозрачно небо. Звезды блещут*» (П.); «*В лесу раздавался топор дровосека*» (Н.).

Утвердительное значение иногда могут иметь и отрицательные по форме вопросительные предложения: *Кто не любовался восходом солнца?*; «*Кого не трогает искусство? Кого оно не облагораживает?*» (Ч.).

Фонема — кратчайшая звуковая единица языка, способная различать звуковые оболочки слов и морфем. Многообразие звуков речи можно свести к небольшому числу общих типов — фонем. Например, слова *бак, бок, бук* различаются гласными фонемами [а], [о], [у].

Фонема — это абстрактное понятие, звук — более конкретное. Фонема реализуется в речи в конкретных звуках. Так, фонема (смыслоразличитель) [о] может выступать в разных позициях как [о] — *вот,* [а] — *вода* и звук, близкий к [а] и [ы], — *водовоз.* Фонема может выступать в сильной позиции, где она максимально отличается от других фонем, и в слабой, где она неразличима от других. Сильной позицией для гласных фонем является позиция под ударением, слабой — в безударном положении. Чтобы не ошибиться в написании слова, нужно изменить слово и поставить сомнительный гласный в сильную позицию — под ударение (*вода — во́ды*).

Фонетика — это раздел науки о языке, который изучает способы образования и свойства звуков человеческой речи. Звуки речи существуют не изолированно друг от друга, а находятся в определённых связях и отношениях, изучаемых фонетикой. В отличие от других лингвистических дисциплин, фонетика изучает минимальные единицы языка, далее неделимые. Эти минимальные единицы не обладают значениями, в отличие от слов и морфем, изучаемых в лексикологии и грамматике. Фонетика тесно связана со всеми другими лингвистическими дисциплинами, так как и слова, и грамматические формы слов (изучаемые лингвистическими науками) состоят из звуков. Звуков в языке ограниченное количество, но различные комбинации звуков практически неисчислимы.

Звуковая форма языка есть основа его существования. Именно благодаря тому, что язык имеет звуковую форму, возможно общение людей; вне звуковой материи язык не существует (письменный язык вторичен, это всего лишь «перевод» устной речи в графическую оболочку). Вот почему фонетика как наука имеет большое значение в ряду лингвистических дисциплин.

Фонетический разбор — один из видов языкового анализа, который состоит в определении звукового состава фонетического слова: количества звуков, их соотнесённости с буквенным составом слова, гласных и согласных звуков, характеристики гласных (прежде всего как ударных или безударных) и согласных (твердых и мягких, глухих и звонких) звуков. Фонетический анализ включает также разделение на слоги и их характеристику.

Порядок разбора:

1. Слоги, ударение.
2. Гласные звуки ударные и безударные. Буквы, обозначающие гласные звуки.
3. Согласные звуки глухие и звонкие, твёрдые и мягкие. Буквы, обозначающие согласные звуки.
4. Соотношение количества букв и звуков.

Образец разбора

ПЕЧАЛЬ. В слове ПЕЧАЛЬ два слога: ПЕ-ЧАЛЬ, второй слог ударный, первый — безударный. Первый слог открытый, так как оканчивается на гласный звук, а второй слог — закрытый, потому что оканчивается на согласный звук.

Гласный Е — безударный, обозначается буквой Е (в позиции после согласных буква Е обозначает гласный звук и мягкость предшествующего соласного). Гласный А — ударный, обозначается буквой А.

Согласный П глухой, мягкий, обозначен буквой П. Согласный Ч глухой, мягкий, обозначен буквой Ч. Согласный Л звонкий (сонорный), мягкий, обозначен буквой Л.

В слове ПЕЧАЛЬ пять звуков и шесть букв. Буква Ь не обозначает звука, а обозначает мягкость предшествующего согласного, поэтому букв больше, чем звуков.

Фонетическое слово — самостоятельное слово вместе с примыкающими к нему безударными служебными словами (предлогами и частицами). Например: на лугу́, за го́родом, сделал бы. Фонетическое слово не совпадает с лексическим потому, что в русском языке есть слова, лишенные ударения. Предлоги, частицы и союзы при произнесении сливаются с самостоятельным словом, образуя фонетическое слово. Слова, которые присоединяются к последующему слову, называются проклитиками (например: от ста́нции, над домом). Слова, которые присоединяются к предшествующему слову, называются энклитиками (дай же, сделал бы).

Проклитики и энклитики самостоятельного ударения не имеют. Фонетическое слово представляет собой часть речевого такта (или фразы, если она не делится на такты), объединённую одним ударением. Фраза имеет столько фонетических слов, сколько в ней ударений.

Фраза — это самая крупная фонетическая единица, законченное по смыслу высказывание, объединенное особой интонацией и отделённое паузой от других таких же единиц.

Фраза может совпадать с предложением, а может и не совпадать. Так, сложное предложение разделяется на фразы, соответствующие простым: «*Я очень рано понял, // что человека создает его сопротивление окружающей среде*» (М. Г.).

Фразеологизм, фразеологическая единица — неразложимое, целостное словосочетание, устойчивый оборот речи. Это выражения типа *собаку съел, плыть по течению, корень зла, держать камень за пазухой* и под. Таких единиц в языке несколько десятков тысяч.

Фразеологические единицы отражают, по выражению В. Г. Белинского, «лица языка». В них запечатлена история русского народа (ср. *Потёмкинские деревни, Мамаево побоище, вот тебе, бабушка, и Юрьев день*), они связаны с этнографическими особенностями русского народа (*моя хата с краю, лаптем щи хлебать, не всякое лыко в строку*). Фразеологизмы часто имеют в своём составе архаичные элементы (*ни зги не видно*, где зга — дорога; *бить челом, с жиру беситься*, где жир — богатство, *беречь как зеницу ока* и т. д.).

Фразеологизмы обладают рядом особенностей. Во-первых, они являются целостными по значению, причем по смыслу они соотнесены со словом. Например, выражение «собаку съел» означает «мастер, умелец». Во-вторых, они отличаются воспроизводимостью в речи, то есть они не составляются каждый раз заново, как обычные словосочетания, а существуют в готовом виде, лексический состав их устойчив.

Значение фразеологизма может никак не вытекать из значений составляющих его элементов. Почему «бить баклуши» означает бездельничать? В современном языке нет ответа на этот вопрос. Однако обращение к истории языка и народа может пролить свет на происхождение того или иного фразеологизма. Так, баклуши — это деревянные заготовки, из которых вырезали ложки. Делать эти заготовки было сравнительно легко, не то, что делать вручную деревянную ложку.

Многие фразеологизмы пришли из литературных произведений, например, «человек в футляре» (из одноименного рассказа А. П. Чехова), «есть ещё порох в пороховницах» (из повести Н. В. Гоголя «Тарас Бульба»). Есть фразеологизмы, которые пришли из античной мифологии (*ахиллесова пята, танталовы муки, камень Сизифа, ариаднина нить*).

Фразеологизмы, подобно словам, вступают в синонимические и антонимические отношения, например, синонимы: «у чёрта на куличках» и «за тридевять земель», антонимы: «кот наплакал» и «куры не клюют». Встречаются среди фразеологизмов и омонимы: «пустить петуха» — сорвавшись на высокой ноте при пении, издать пискливый звук, «пустить петуха» — поджечь.

Фразеологизмы фиксируются, наряду со словами, в толковых словарях. Так, в «Толковом словаре русского языка» С. И. Ожегова и Н. Ю. Шведовой представлено 7500 фразеологических единиц. Есть и специальные словари фразеологизмов, например, «Фразеологический словарь русского языка» под ред. А. И. Молоткова.

Фразеология — это фразеологические единицы данного языка, состав фразеологических выражений, а также раздел языкознания, который изучает эти единицы. Впервые о фразеологии как о самостоятельной лингвистической дисциплине сказано в 1946 г. в трудах академика В. В. Виноградова.

Фразеология как наука изучает систему значений фразеологизмов, синонимические, антонимические и омонимические отношения между фразеологическими единицами, а также различия фразеологизмов по сфере употребления (так как, подобно словам, фразеологизмы бывают разговорными или книжными, ср.: *мелко плавает, плясать под чужую дуду, куда Макар телят не гонял, бред сивой кобылы,* с одной стороны, и *колосс на глиняных ногах, аттическая соль, прометеев огонь, каинова печать, по ту сторону баррикад, сын отечества* — с другой).

Цитата — дословная выдержка из какого-либо произведения, которую автор приводит для подтверждения или пояснения своей мысли.

Иногда цитата является отправным пунктом авторского рассуждения, например, в сочинениях литературоведческого или исторического характера. По своей структуре цитата может представлять собой и целое предложение, и словосочетание, и даже слово.

«Весной у нас, — как сказал Есенин, — *«липким запахом веет полынь»*.

Цитата может вводиться в авторский текст различными способами:

1) Так же, как прямая речь: «Некрасов писал: *«Кто не знает печали и гнева, тот не любит отчизны своей»*. Если предложение-цитата приводится не полностью, то на месте опущенных членов предложения ставится многоточие: Пушкин писал о русской столице с любовью:

> *«Края Москвы, края родные,*
> *Где на заре цветущих лет*
> *Часы я тратил золотые...»*

2) Цитаты могут включаться в текст и без слов автора (его фамилия ставится в скобках после цитаты): «Всех книг

прочитать невозможно. «Нужно читать только те книги, которые учат понимать смысл жизни» (М. Горький).

Особый вид цитат представляют эпиграфы. Эпиграфы помещаются перед текстом произведения и служат для того, чтобы раскрыть основную идею, смысл произведения, а также показать отношение автора к той информации, к тем событиям, о которых он сообщает. Эпиграфы обычно в кавычки не заключаются, а указание на источник помещается строчкой ниже и не выделяется.

3) Цитаты могут представлять собой косвенную речь. В этом случае она следует за подчинительным союзом и начинается со строчной буквы: «Писарев писал, что «наверное, в каждом языке можно найти красоты, которые утрачиваются... в переводе».

4) На источник цитирования могут указывать и специальные вводные слова и предложения. Например: «Как отметил Мамин-Сибиряк, «есть святые чувства, которых не должна касаться чужая рука».

Цитаты во всех случаях (за исключением эпиграфов) выделяются кавычками.

Ч

Частицы — это служебные слова, которые придают дополнительные оттенки значения отдельным словам или целым предложениям, а также служат для образования форм слов. Уже из определения частиц ясно, что их функции гораздо более разнообразны, чем у союзов или предлогов. Частицы представляют собой гораздо менее тесное единство, чем другие служебные части речи.

Частицы не являются членами предложения, но могут входить в состав членов предложения (например, отрицательная частица «не» при глаголе-сказуемом).

По значению среди частиц можно выделить следующие разряды:

1. Вопросительные: **разве, неужели, ли (ль), а, да.**
2. Восклицательные: **что за, как.**
3. Указательные: **вот, вон.**
4. Усилительные: **даже, же, ведь, уж, всё-таки.**
5. Отрицательные: **не, ни.**
6. Утвердительные: **да, действительно, совершенно верно, точно, конечно.**
7. Частицы, обозначающие отношение к достоверности высказываемого: **авось, вряд ли, едва ли, едва ли не, пожалуй, чуть ли не.**

Среди частиц, которые служат для образования форм слова, выделяются такие:

1. Частицы, служащие для образования повелительного наклонения глагола: **да, пусть, пускай, давай.**
2. Частицы, служащие для образования условного наклонения глагола: **бы, б.**
3. Частицы, с помощью которых образуются формы степеней сравнения прилагательных и наречий: **более, менее, самый.**

Чередование звуков в значимых частях слова.

При образовании слов и форм слов может происходить чередование гласных и согласных звуков в корне (лег☐ — леж[ишь], враг☐ — вражд[а], друг☐ — друж-б[а], тих[ий] — тишь☐).

Большинство чередований звуков объясняются историческими изменениями в звуковом составе слова. Чередоваться в корне могут гласные звуки **о-е** (носить — нести), **о-а** (перебросить — перебрасывать), **о-ы-у** (сохнуть — засыхать, сухой). Гласные, чередуясь с нулем звука, называются беглыми (окон — окно, беру — брать, день — дня, пень — пня). В корне губные согласные **б, в, м, п, ф** часто чередуются с сочетаниями **бл, вл, мл, пл, фл:** лю-бить — люблю, ловить — ловлю, томить — томлю, ку-пить — купля, капать — капля, графить — графлю. Со-гласные **к, г, х** иногда чередуются соответственно с со-гласными **ч, ж-з, ш:** сук — сучья, друг — друзья — дружи-ще; крохотный — крошка. В суффиксах могут чередо-ваться **к-ч, ц-ч:** платок — платочек, куница — куничка.

Числительное (имя числительное) — самостоятельная часть речи, которая обозначает количество предметов или их порядок при счёте. Числительное может называть абст-рактное число, например — в языке математики: два плюс три равняется пяти. Так как идея количества у числительных выражается корнем слова, числительные, как правило, не изменяются по числам (за исключением слов *миллион, миллиард, тысяча*).

По составу числительные могут быть простыми (однословные числительные с непроизводной основой, равной корню: *пять, три, сто*), сложными (однословные числительные, основа которых производна и состоит из простого числительного и суффикса или двух простых основ: *шест-надцать, три-дцать, три-ста*) и составными (состоящими из нескольких числительных: *сто пятьдесят два*). Числительных в языке бесконечно много, так как считать можно бесконечно, но количество простых и сложных числительных, из которых состоят составные числительные, ограниченно.

Среди числительных различаются четыре лексико-грамматических разряда: количественные, порядковые, собирательные и дробные числительные.

Количественные числительные — это центральный разряд, так как в нём отчётливее всего выражены основные признаки числительного как части речи. Количественные числительные не изменяются по числам, не изменяются по родам (кроме слов *один, два*), но изменяются по падежам. В предложении числительные, как и имена существительные, могут быть подлежащими, дополнениями, реже — другими членами предложения.

Порядковые числительные, называющие порядок предметов при счёте, очень часто вообще не относят к группе числительных на том основании, что эти слова очень похожи на прилагательные. Ср. *первый* и *новый* — одинаковые флексии, общие морфологические признаки (возможность изменяться по родам, числам и падежам). Но всё-таки порядковые слова правильнее отнести именно к числительным. Во-первых, они образуют замкнутую систему, в которой у каждого слова своё место: второй следует после первого, третий после второго и т. д., что совершенно несвойственно прилагательным. Во-вторых, эти слова связаны с процессом счёта. В-третьих, у них, в отличие от прилагательных, затруднено образование множественного числа (вряд ли можно употребить сочетание «восемнадцатые яблоки», так как неизвестно, что обозначает такое сочетание). Значит, по морфологическим признакам, главный из которых — отношение к морфологическому числу, они ближе к количественным числительным, чем к прилагательным. Однако подобно прилагательным, они изменяются по родам и по падежам, причём род и падеж зависит от соответствующих значений определяемого существительного.

Собирательные числительные близки к количественным, потому что тоже обозначают количество: ср. *пять — пятеро, семь — семеро*. Они образуются от количественных с помощью суффиксов **-ер, -ой**: пят-ер-о, два — дв — о(й-э). Иногда отмечается, что собирательные числительные обозначают количество как целое. Вряд ли это так. Но собирательные числительные, конечно, не просто дублируют количественные. Без собирательных числительных нельзя обойтись, если нужно обозначить количество таких предметов, которые называются словами, имеющими только множественное число: *двое суток, трое ножниц.*

Дробные числительные обозначают дробные величины, то есть количества тех или иных частей единицы. Они представляют собой сочетание Им. падежа количественного числительного с Р. падежом множественного числа (*три пятых*) или Им. падежом единственного числа порядкового числительного в женском роде (*одна пятая*). К дробным числительным относятся также слова *полтора* и *полторы* и *полтораста*.

Числительное как часть речи обладает целым рядом особенностей, связанных с сочетаемостью его с другими словами. Числительные *два, три, четыре* в Им. и В. падежах сочетаются с существительными в единственном числе Р. падежа: *два стола, три тетради, четыре книги.* Числительные больше четырёх сочетаются с существительным во множественном числе: *пять столов, шесть тетрадей, двадцать книг.*

Собирательные числительные сочетаются со словами, обозначающими лиц мужского пола: *трое студентов, четверо юношей,* но не сочетаются с существительными женского рода, обозначающими лиц женского пола (нельзя: двое девочек). Собирательные числительные редко употребляются при существительных в косвенных падежах и заменяются косвенными падежами соответствующих количественных числительных.

Число — это грамматическая категория, присущая в русском языке четырём знаменательным частям речи — существительному, прилагательному, местоимению и глаголу.

Категория числа связана с противопоставлением форм единственного и множественного числа.

Число у существительных может быть постоянным и непостоянным признаком. По числам изменяются конкретные существительные и часть отвлечённых (*стол — столы, прыжок — прыжки*), у них число — непостоянный признак. У остальных существительных число, как правило, является, наряду с родом, постоянным признаком. Например, по числам не изменяются отвлечённые существительные: *борьба, честь, смелость, теплота, белизна,* вещественные: *сметана, смола, глина,* собирательные: *крестьянство, пролетариат, студенчество.*

У существительных различие между единственным и множественным числом выражается с помощью соответствующих окончаний. Конкретное существительное в единственном числе называет единичный предмет, во множественном — указывает на неопределённую множественность: *столы* = 2, 3, 4... 100, сколько угодно больше одного. Однако и форма единственного числа может выражать множественность, например, в общих суждениях: *книга — источник знаний* (= книги — источник знаний).

У прилагательных и большинства местоимений числовая форма повторяет числовую форму определяемого существительного: *хорошая книга — хорошие книги, моя книга — мои книги.* У этих частей речи число — непостоянный признак.

Форма числа глагола соответствует подлежащему: *Друг всё понимает — Друзья всё понимают.* Таким образом, число у глагола тоже всегда имеет словоизменительный характер, это непостоянный признак, который показывает, один или больше одного было производителей действия: *читает — читают.*

Члены предложения — это слова или словосочетания, связанные между собой синтаксическими отношениями. В роли членов предложения выступают знаменательные части речи, к которым можно задать вопрос. Служебные части речи (союзы, предлоги, частицы), а также междометия обычно не являются членами предложения.

Главные члены предложения выражают грамматическое значение предложения и являются его грамматической основой. Они выражают значение лица, времени, реальности — нереальности события. В односоставных предложениях может быть один главный член, передающий эти значения: *Вечер. Уже темно.*

Второстепенные члены предложения являются распространителями главных или других второстепенных членов предложения: «*Светлыми* (какими?) звездами нежно (как?) украшена тихая зимняя (какая?) ночь» (Н. Рубцов).

Слова «звездами» и «нежно» распространяют сказуемое, а слово «светлыми» — дополнение «звездами». Каждый член предложения имеет типичные для него грамматические средства выражения. Так, определения чаще всего выражаются прилагательным, причастием, местоимением, порядковым числительным: дополнение — косвенными падежами существительного и т. д.

Чужая речь — речь другого лица, воспроизводимая говорящим. Произнесенная в прошлом чужая речь может быть передана адресантом разными способами. В форме прямой речи говорящий старается дословно воспроизвести чужую речь: «*Хотя ложь еще живет, но совершенствуется только правда*», — сказал Максим Горький». Содержание чужой речи без стремления к ее дословному воспроизведению осуществляется в форме косвенной речи: «*Я пришел к тебе с приветом, рассказать, что солнце встало*» (А. Фет).

Внутренняя чужая речь может быть выражена в форме несобственно-прямой речи, которая является особым художественным приемом воспроизведения мыслей, чувств, оценок действительности лицом — персонажем или автором: «*Тут Степа повернулся от аппарата и в зеркале, помещавшемся в передней, отчетливо увидел какого-то странного субъекта... Ах, если бы здесь был Иван Николаевич! Он узнал бы этого субъекта сразу!*» (М. Булгаков).

Несобственно-прямая речь обычно эмоциональна и содержит междометия, частицы, восклицательные и вопросительные предложения.

Ш

Штамп речевой — средство речи, которое осознаётся носителями языка как устойчивое, готовое к употреблению. Слово восходит к итальянскому «stampa» — печать. Основа понятия «штамп» — частое, регулярное употребление. Штампом может стать любая единица — слово, словосочетание, предложение, высказывание, при условии частого использования. Ср.: *труженики села, форум, оправдать доверие народа, спустить на тормозах* и под.

С понятием «штамп» связана негативная оценка (конечно, если речь не идёт об официально-деловом стиле, где штамп, стандарт — необходимое условие реализации многих разновидностей текстов, ср. единообразные тексты заявлений, справок и т. п.). Но неумеренное употребление в художественных произведениях или газетных, журнальных статьях выражений типа *«белое золото»* (хлопок), *«чёрное золото»* (нефть), *«люди в белых халатах»* (врачи) и т. д. справедливо вызывает ироническое отношение.

Э

Эвфемизмы — слова и выражения, служащие заменой для таких наименований, которые по какой-либо причине представляются нежелательными (невежливыми, резкими и под.). Это термин греческого происхождения: греч. euphemismos состоит из eu — хорошо и phemi — говорю. Так, желая смягчить выражение, говорят «использовать носовой платок» вместо «высморкаться», «в интересном положении» вместо «беременная», «не сочиняйте!» вместо «не врите!», «он в почтенном возрасте» вместо «он стар», «он пороха не выдумает» вместо «он глуп», «поправился» вместо «потолстел», «задерживается» вместо «опаздывает», «позаимствовал» вместо «украл», «вы ошибаетесь» вместо «лжёте», «насекомое» вместо «вошь», «кончина» вместо «смерть».

В прошлом эвфемизмы были вызваны запретом на слова. У народов, находящихся на ранних ступенях развития, была вера в особую силу слова. Люди думали, что произнесение тех или иных слов может иметь роковые последствия. В этих случаях на слово накладывался запрет, слово заменялось другим. Так, по этой причине в русских говорах волка называли «серым», лешего «лесовиком». Слово «медведь» — это эвфемизм (тот, кто ест мёд). Чтобы не накликать беду, избегали слова «смерть». Вместо него закрепились обороты типа «приказал долго жить», «отдал богу душу».

В наше время запрет на слова может быть связан с соблюдением норм этикета или необходимостью сохранения военной тайны. Например, во время войны писали: «бои за город N», «наступление на энском направлении».

Этимология — 1. Раздел языкознания, изучающий происхождение и историю отдельных слов и морфем. 2. Происхождение слов и морфем, история слов и морфем.

Этимология — один из самых увлекательных разделов науки о языке. Здесь ещё много нерешённых вопросов — «белых пятен». Многие этимологии и сегодня представляются спорными. В то же время происхождение большого числа слов сегодня объяснено достаточно точно.

Этимология — это важный раздел истории языка, не зная которого, невозможно объяснить многие языковые факты. Устанавливая происхождение слова, учёные сопоставляют данные различных, прежде всего — близкородственных языков. Так, сходство в большинстве индоевропейских языков слов со значениями «мать», «брат», «дочь» указывает на то, что эти слова унаследованы от индоевропейской этнической общности (индоевропейский язык-основа и индоевропейцы как единый народ исчезли много тысячелетий назад).

Этимологические сведения содержатся в специальных этимологических словарях, среди которых есть специально предназначенные для школьников. Это «Краткий этимологический словарь русского языка», составленный Н. М. Шанским, В. В. Ивановым и Т. В. Шанской (3 изд. М., 1975), и «Этимологический словарь русского языка» Г. П. Цыганенко (2 изд. Киев, 1989). Этимологический словарь, как правило, объясняет только такие слова, морфемная структура которых не представляется достаточно ясной носителям современного языка. Например: слово *алый* — это древнерусское заимствование из татарского языка. Татарское *ал* значит «ярко-красный».

Об этимологии как науке, о принципах этимологического анализа рассказывает интересная книга, адресованная школьникам: Откупщиков Ю. В. «К истокам слова. Рассказы о науке этимологии», 2 изд. М.: Просвещение, 1973.

Я

Язык — сложная система знаков, которая служит основным средством общения членов данного человеческого коллектива. Эта система является также средством развития мышления, средством передачи от поколения к поколению культурных и исторических традиций.

Язык включает в себя фонетические, лексические и грамматические средства, которые служат орудием выражения мыслей, чувств и волеизъявлений. Язык — это явление социальное, то есть неразрывно связанное с жизнью человеческого общества.

Язык — это понятие чрезвычайно широкое, включающее в себя всю совокупность конкретных реализаций (текстов), принятых в данном языковом коллективе. Широкому понятию «язык» противопоставлено более узкое и конкретное — речь. Речь — это разновидность общения при помощи языка, характеризующаяся отбором тех или иных лексических и грамматических средств в зависимости от целей и условий коммуникации. Так, речь в официально-деловой обстановке и речь бытовая, обиходная могут существенно различаться.

Язык и речь тесно связаны между собой, потому что в речи может содержаться только то, что заложено в системе языка. Поэтому язык и речь образно сравнивают с двумя сторонами одного листа бумаги, которые разъединить, представить одну без другой невозможно.

Язык — это динамичное, постоянно развивающееся явление, причем изменения первоначально накапливаются в речи (в индивидуальных, авторских употреблениях лексических единиц или грамматических форм), а затем уже проникают в систему языка, становятся собственно языковой чертой. На развитие языка огромное влияние оказывают различные изменения, происходящие в обществе, и особенно чуткой к общественным изменениям оказывается лексика. Так, социально-экономические изменения в нашей стране в последнее десятилетие вызвали к жизни массу новых слов, которых либо вовсе не было в языке, либо они были на периферии языка: *департамент, Государственная дума, мэр, ваучер, приватизация, шоп-тур, дилер, киллер, брокер, хот-дог, супер-маркет* и мн. др. В то же время язык развивается и по собственным, автономным законам. Так, фонетические изменения определяются собственно языковыми закономерностями, а не социальными факторами; малопроницаема для социального влияния и грамматика. Изменения в области фонетики и грамматики происходят гораздо медленнее, чем в лексической сфере. Например, система склонения и спряжения остается в целом неизменной на протяжении сотен лет. Но если сравнить ее с древнерусской, то выявится много различий: было шесть типов склонения существительных вместо современных трёх, был седьмой падеж — звательный, существительные имели, помимо единственного и множественного числа, ещё одну форму — двойственного числа (то есть парные предметы обозначались особой грамматической формой).

Языковая политика — это воздействие государства или отдельной социальной группы людей на функционирование, развитие языка. Языковая политика — это часть национальной политики. Языковая политика прежде всего определяет функции языков, способствует выдвижению одного из языков по сравнению с другими. Языковая политика может быть демократической (если она обеспечивает решение языковых проблем в интересах масс), и антидемократической, если она этого не делает. По этнической ориентации языковая политика может быть интернациональной или националистической. Например, во все годы существования СССР русский язык не имел статуса государственного (то есть обязательного) языка, формулировался принцип равенства всех 130 языков, существовавших на территории нашей страны. Значит, языковую политику в бывшем СССР можно назвать демократической и интернациональной. Конечно, это не означает, что в языковой политике советского периода не было никаких противоречий, моментов неблагополучия, однако установка на изучение русского языка наряду с национальными языками, расцвет, взаимовлияние и взаимообогащение всех языков не может вызвать сомнений. Другое дело, что обеспечение всех этих принципов всегда наталкивалось на многие трудности: плохую организацию, слабое материальное обеспечение и т. п. В итоге гармоничного двуязычия (параллельного владения на высоком уровне русским и национальными языками) в бывших республиках СССР не получилось. И поэтому сегодня там конституционно закреплён статус государственного за языком коренного населения, а роль русского языка как средства межнационального общения утрачивается.

Языкознание — то же, что *Лингвистика*; наука, изучающая язык — его происхождение, развитие, строение, функционирование. Языкознание возникло в Древней Индии, приблизительно за 1500 лет до н. э. Языкознание первоначально было прикладной наукой, то есть наукой, имевшей практическую направленность. Дело в том, что вообще языкознание зародилось из потребности в комментариях к текстам древних священных книг. С течением времени язык религиозных текстов перестал быть понятен, и первые в истории человечества языковеды старались объяснить «темные» места сакральных гимнов древних индийцев.

Долгое время языкознание не считалось самостоятельной наукой и рассматривалось в рамках филологии вообще. Обычно самостоятельная наука имеет собственные (специфические) методы исследования. Таким собственным методом для языкознания стал сравнительно-исторический метод, разработанный в первой четверти XIX в. главным образом в трудах немецких лингвистов — Ф. Боппа, В. Гумбольдта, Я. Гримма, А. Шлейхера. Этот метод помогал объяснить факты современных языков с помощью обращения к истории самих этих языков или родственных им. С помощью этого метода было доказано родство индоевропейских языков, то есть то, что славянские, германские, романские языки произошли от общего праязыка-основы, который исчез много тысячелетий тому назад. Со времени возникновения сравнительно-исторического метода говорят о языкознании как самостоятельной науке.

Роль языкознания как науки определяется значимостью её объекта — языка. Язык — главное средство общения в человеческом обществе, язык — это хранитель и передатчик знаний, накопленных людьми. И потому важно изучать язык во всех его проявлениях, не допускать его порчи, искажения. От степени усвоения и владения родным языком зависит степень умственного, духовного развития человека, его способность усваивать все другие отрасли знания.

Приложение № 1
Правила русской орфографии и пунктуации (ход рассуждений)

Гласные после шипящих и ц[1]

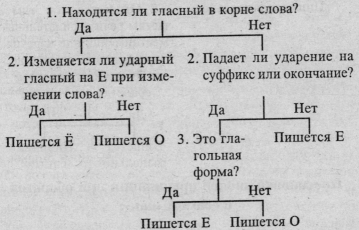

1. Находится ли гласный в корне слова?

Да — Нет

2. Изменяется ли ударный гласный на Е при изменении слова?

Да — Нет

Пишется Ё — Пишется О

2. Падает ли ударение на суффикс или окончание?

Да — Нет

3. Это глагольная форма? — Пишется Е

Да — Нет

Пишется Е — Пишется О

Правописание приставок на согласный

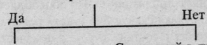

1. Это приставка на З — С?

Да — Нет

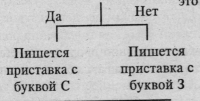

2. Стоит ли приставка перед глухим согласным?

Согласный в приставке не меняется (в том числе, если это приставка с — сделать)

Да — Нет

Пишется приставка с буквой С

Пишется приставка с буквой З

---

[1] См.: Малащенко В. П. Алгоритмы на уроках русского языка: Учеб. пособ. Ростов н/Д., 1978. С. 81.

Частица не с различными частями речи

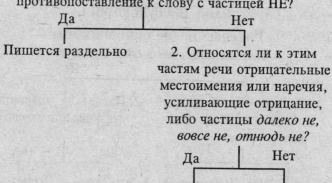

1. Имеется ли (или подразумевается) противопоставление к слову с частицей НЕ?

Да — Пишется раздельно

Нет — 2. Относятся ли к этим частям речи отрицательные местоимения или наречия, усиливающие отрицание, либо частицы *далеко не, вовсе не, отнюдь не?*

Да — Пишется раздельно

Нет — Пишется слитно

Постановка знаков препинания при оборотах с союзом «как»:

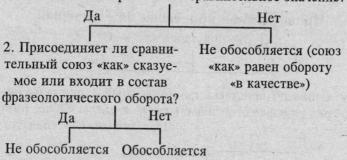

1. Имеет ли оборот с «как» сравнительное значение?

Да — 2. Присоединяет ли сравнительный союз «как» сказуемое или входит в состав фразеологического оборота?

Нет — Не обособляется (союз «как» равен обороту «в качестве»)

Да — Не обособляется

Нет — Обособляется

Например: «Наш сад как проходной двор» (А. П. Чехов). Оборот с «как» в данном случае не обособляется, так как союз «как» присоединяет именное сказуемое; то же наблюдается в предложении: «Дождь льет как из ведра», где сравнительный оборот приближается к фразеологизму.

Приложение

Постановка знаков препинания при распространённом приложении:

1. Относится ли распространенное приложение к нарицательному существительному или личному местоимению?

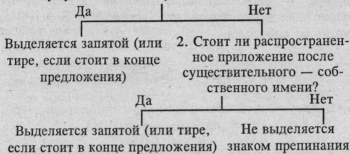

Да — Нет

Выделяется запятой (или тире, если стоит в конце предложения)

2. Стоит ли распространенное приложение после существительного — собственного имени?

Да — Нет

Выделяется запятой (или тире, если стоит в конце предложения)

Не выделяется знаком препинания

Например: «Андрей, мой друг, пригласил меня в гости». Ср.: «Мой друг Андрей пригласил меня в гости», где приложение не обособляется, так как стоит перед именем собственным.

Согласованное определение

Обособление согласованных определений:

1. Стоит ли определение с зависимыми словами после определяемого слова?

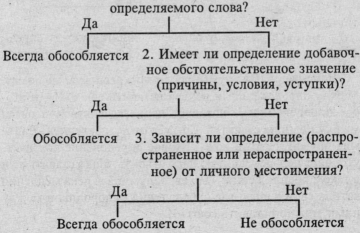

Да — Нет

Всегда обособляется

2. Имеет ли определение добавочное обстоятельственное значение (причины, условия, уступки)?

Да — Нет

Обособляется

3. Зависит ли определение (распространенное или нераспространенное) от личного местоимения?

Да — Нет

Всегда обособляется

Не обособляется

Например: «Утомлённые длительным переходом, туристы быстро заснули». Определение стоит перед определяемым словом. Но оно обособляется, так как имеет значение причины. Ср.: «Так как туристы были утомлены длительным переходом, они быстро заснули». Другой пример: «А он, мятежный, просит бури…». Определение одиночное, но оно зависит от личного местоимения и поэтому обособляется.

Однородные члены предложения

Постановка знаков препинания при однородных определениях:

1. Можно ли между определениями вставить союз «И»?

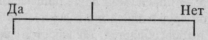

Да | Нет

Определения однородны, между ними следует поставить запятую

2. Поясняет, уточняет ли второе (неоднородное) определение содержание первого?

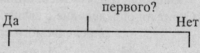

Да | Нет

Запятая между определениями ставится

Запятая между определениями не ставится

Например: «На клумбе росли прекрасные алые розы». Между определениями нельзя вставить союз «И», и второе определение не поясняет первого, поэтому запятая между ними не ставится. Ср.: «Этот нож затуплен. Дайте мне другой, острый нож». Второе определение поясняет, уточняет первое. Запятую надо ставить. Надо ставить её и в таком предложении: «Тихая, задумчивая река медленно катила свои воды», где определения однородны и между ними можно вставить союз «И».

Постановка знаков препинания при однородных членах с обобщающими словами:

1. Стоят ли однородные члены после обобщающих слов (с зависимыми от них словами) в конце предложения?

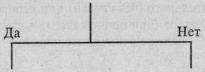

Да ⎯ Нет

Перед однородными членами ставится двоеточие (в конце предложения возможно авторское тире)

2. Стоят ли однородные члены перед обобщающими словами?

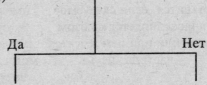

Да ⎯ Нет

После однородных членов ставится тире

Перед однородными членами ставится двоеточие, а после них — тире (однородные члены стоят в середине предложения, после обобщающих слов)

Например: «В траве, в кустах кизила, диком винограднике — повсюду заливались цикады» (А. И. Куприн). Однородные члены стоят перед обобщающим словом «повсюду», поэтому после них ставится тире (ответ «Да» на второй вопрос алгоритма). Другой пример: «Посаженные заботливыми родственниками деревца: клен, тополь, акации, а также дикорастущий клен — зеленели приветливо и свежо» (М. А. Шолохов). Однородные члены расположены в середине предложения. После обобщающих слов ставится двоеточие, после однородных членов — тире.

Постановка тире между подлежащим и сказуемым:

1. Выражено ли сказуемое именительным падежом существительного (без связки) или неопределенной формой глагола (при подлежащем — именительном падеже существительного)?

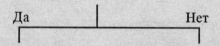

Да   Нет

Ставится тире (тире не ставится, если сказуемое присоединяется союзом «как» или при нем имеется частица «не»)

2. Выражено ли сказуемое именительным падежом существительного или неопределенной формой глагола (при подлежащем — неопределенной форме глагола)?

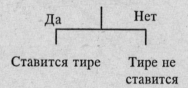

Да   Нет

Ставится тире   Тире не
                     ставится

Например: «Моя мечта — побывать на море». Сказуемое выражено неопределенной формой глагола без связки, и поэтому между подлежащим и сказуемым ставится тире. Другой пример: «Берег реки — это любимое место отдыха горожан» соответствует ответу «Да» на первый вопрос. Ср.: «Курить — наносить вред своему здоровью» соответствует ответу «Да» на второй вопрос. В предложении: «Спорт не забава» тире не ставится, так как налицо частица «не».

Сложносочинённое предложение

Постановка знаков препинания в сложносочинённом предложении с союзом «и» (неповторяющимся):

1. Является ли сложносочинённое предложение придаточным к одному главному предложению?

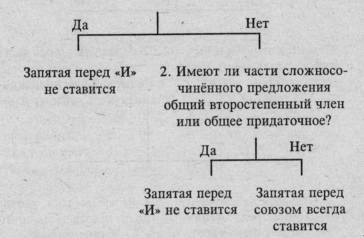

Например: «Лишь изредка с внезапной звучностью плеснет бойкая рыба и прибрежный тростник зашумит, едва колеблемый набежавшей волной» (И. С. Тургенев). Запятая перед «И» не ставится, так как части сложносочинённого предложения имеют общий второстепенный член — «Изредка» (ответ «Да» на второй вопрос). Другой пример: «Когда они вернулись, было уже светло и пели первые петухи». Запятая перед «И» не ставится, так как сложносочинённое предложение здесь в роли главного предложения.

Бессоюзное сложное предложение
Постановка знаков препинания в бессоюзном сложном предложении:

1. Имеются ли между частями сложного предложения перечислительные отношения?

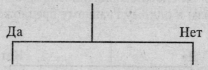

Да   Нет

Ставится запятая или, если в предложении уже есть запятые, точка с запятой

2. Передает ли вторая часть причину того, о чем говорится в первой части (можно вставить союз «потому что»)?

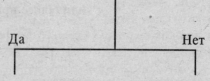

Да   Нет

Ставится двоеточие (в конце предложения может быть тире)

3. Раскрывает ли, уточняет ли вторая часть содержание первой?

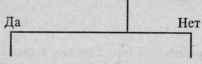

Да   Нет

Ставится двоеточие (в современных печатных текстах двоеточие иногда заменяется тире)

Ставится тире (при противопоставлении, отношениях следствия, результата)

Сложное предложение, состоящее из трех и более частей

Постановка знаков препинания в сложном предложении с двумя рядом стоящими союзами:

1. Соответствуют ли второму подчинительному союзу слова «то», «так», «тогда» или союз «но»?

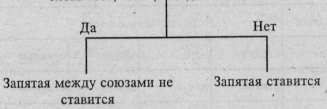

Например: «Самолеты гудели уже где-то над самой головой, и, хотя их не было видно, точно черная тень прошла по лицам девушек» (А. Фадеев). Ср.: «Самолеты гудели уже где-то над самой головой, и хотя их не было видно, но точно черная тень от их крыльев прошла по лицам девушек». Еще пример: «Он знал, что если поезд опоздает, то он не встретит ее», где запятая не ставится, так как союзу «если» соответствует слово «то».

Приложение № 2

Образцы склонения и спряжения

Первое склонение существительных

Падежи	Единственное число			
И. п.	страна	папа	земля	станция
Р. п.	страны	папы	земли	станции
Д. п.	стране	папе	земле	станции
В. п.	страну	папу	землю	станцию
Тв. п.	страной	папой	землей	станцией
Пр. п.	о стране	о папе	о земле	о станции

Падежи	Множественное число			
И. п	страны	папы	земли	станции
Р. п.	стран	пап	земель	станций
Д. п.	странам	папам	землям	станциям
В. п.	страны	пап	земли	станции
Тв. п.	странами	папами	землями	станциями
Пр. п.	о странах	о папах	о землях	о станциях

Второе склонение существительных

Падежи	Единственное число				
	Мужской род				
И. п.	слесарь	станок	гений	пень	конь
Р. п.	слесаря	станка	гения	пня	коня
Д. п.	слесарю	станку	гению	пню	коню
В. п.	слесаря	станок	гения	пень	коня
Тв. п.	слесарем	станком	гением	пнем	конем
Пр. п.	о слесаре	о станке	о гении	о пне	о коне

Падежи	Единственное число			
	Средний род			
И. п.	село	поле	здание	счастье
Р. п.	села	поля	здания	счастья
Д. п.	селу	полю	зданию	счастью
В. п.	село	поле	здание	счастье
Тв. п.	селом	полем	зданием	счастьем
Пр. п.	о селе	о поле	о здании	о счастье

Второе склонение существительных
(множественное число)

Падежи	Мужской род				
И. п.	слесари	станки	гении	пни	кони
Р. п.	слесарей	станков	гениев	пней	коней
Д. п.	слесарям	станкам	гениям	пням	коням
В. п.	слесарей	станки	гениев	пни	коней
Тв. п.	слесарями	станками	гениями	пнями	конями
Пр. п.	о слесарях	о станках	о гениях	о пнях	о конях

Падежи	Средний род			
И. п.	сёла	поля	здания	раздумья
Р. п.	сёл	полей	зданий	раздумий
Д. п.	сёлам	полям	зданиям	раздумьям
В. п.	сёла	поля	здания	раздумья
Тв. п.	сёлами	полями	зданиями	раздумьями
Пр. п.	о сёлах	о полях	о зданиях	о раздумьях

Третье склонение существительных

Падежи	Единственное число	Множественное число
И. п.	лошадь, площадь	лошади, площади
Р. п.	лошади, площади	лошадей, площадей
Д. п.	лошади, площади	лошадям, площадям
В. п.	лошадь, площадь	лошадей, площади
Тв. п.	лошадью, площадью	лошадями, площадями
Пр. п.	о лошади, о площади	о лошадях, о площадях

Разносклоняемые существительные

Падежи	Ед. число	Мн. число
И. п.	время путь	времена пути
Р. п.	времени пути	времён путей
Д. п.	времени пути	временам путям
В. п.	время путь	времена пути
Тв. п.	временем путем	временами путями
Пр. п.	о времени о пути	о временах о путях

Склонение имен прилагательных в м., ж. и ср. роде

Падежи	Мужской род	
И. п.	горный (пейзаж)	верный (друг)
Р. п.	горного (пейзажа)	верного (друга)
Д. п.	горному (пейзажу)	верному (другу)
В. п.	горный (пейзаж)	верного (друга)
Тв. п.	горным (пейзажем)	верным (другом)
Пр. п.	о горном (пейзаже)	о верном (друге)
И. п.	синий (цвет)	искренний (человек)
Р. п.	синего (цвета)	искреннего (человека)
Д. п.	синему (цвету)	искреннему (человеку)
В. п.	синий (цвет)	искреннего (человека)
Тв. п.	синим (цветом)	искренним (человеком)
Пр. п.	о синем (цвете)	об искреннем (человеке)

Падежи	Средний род	
И. п.	голубое (платье)	синее (платье)
Р. п.	голубого (платья)	синего (платья)
Д. п.	голубому (платью)	синему (платью)
В. п.	голубое (платье)	синее (платье)
Тв. п.	голубым (платьем)	синим (платьем)
Пр. п.	о голубом (платье)	о синем (платье)

Падежи	Женский род	
И. п.	дорогая (вещь)	осенняя (погода)
Р. п.	дорогой (вещи)	осенней (погоды)
Д. п.	дорогой (вещи)	осенней (погоде)
В. п.	дорогую (вещь)	осеннюю (погоду)
Тв. п.	дорогой (вещью)	осенней (погодой)
Пр. п.	о дорогой (вещи)	об осенней (погоде)

Склонение прилагательных
во множественном числе

Падежи	Для всех родов	
И. п.	нужные (вещи)	синие (платья)
Р. п.	нужных (вещей)	синих (платьев)
Д. п.	нужный (вещам)	синим (платьям)
В. п.	нужные (вещи)	синие (платья)
	нужных (людей)	синих (птиц)
Тв. п.	нужными (вещами)	синими (платьями)
Пр. п.	о нужных (вещах)	о синих (платьях)

Склонение притяжательных прилагательных
на -ий, -ье, -ья, -ьи

Падежи	Единственное число			Множественное число для всех трех родов
	Мужской род	Женский род	Средний род	
И. п.	лисий	лисья	лисье	лисьи
Р. п.	лисьего	лисьей	лисьего	лисьих
Д. п.	лисьему	лисьей	лисьему	лисьим
В. п.	лисий	лисью	лисий	лисьи
Тв. п.	лисьим	лисьей	лисьим	лисьими
Пр. п.	о лисьем	о лисьей	о лисьем	о лисьих

Склонение притяжательных прилагательных на -ин (-ын), -ов (-ев)

Падеж	Ед. число		Множественное число для всех родов
	мужской и средний род	женский род	
И. п.	мамин, мамино	мамина	мамины
Р. п.	мамина, маминого	маминой	маминых
Д. п.	мамину, маминому	маминой	маминым
В. п.	как И. или Р. п.	мамину	как И. или Р. п.
Тв. п.	маминым	маминой	мамиными
Пр. п.	о мамином	о маминой	о маминых

Склонение сложных количественных числительных

Падеж	50—80	200—400	500—900
И. п.	шестьдесят	триста	семьсот
Р. п.	шестидесяти	трехсот	семисот
Д. п.	шестидесяти	тремстам	семистам
В. п.	шестьдесят	триста	семьсот
Тв. п.	шестьюдесятью	тремястами	семьюстами
Пр. п.	о шестидесяти	о трехстах	о семистах

Склонение числительных «сто, сорок, девяносто»

И. — В. п.	сто, сорок, девяносто
Р. — Д. п.	ста, сорока, девяноста
Тв. — Пр. п.	

Склонение составных порядковых числительных

И. п.	тысяча	девятьсот	девяносто	седьмой
Р. п.	тысяча	девятьсот	девяносто	седьмого
Д. п.	тысяча	девятьсот	девяносто	седьмому
В. п.	тысяча	девятьсот	девяносто	седьмой (или седьмого)
Тв. п.	тысяча	девятьсот	девяносто	седьмым
Пр. п.	о тысяча	девятьсот	девяносто	седьмом

Склонение дробных числительных

И. п.	одна вторая	три пятых	полтора
Р. п.	одной второй	трех пятых	полутора
Д. п.	одной второй	трем пятым	полутора
В. п.	одну вторую	три пятых	полтора
Тв. п.	одной второй	тремя пятыми	полутора
Пр. п.	об одной второй	о трех пятых	о полутора

Склонение местоимений «кто», «что»

И. п.	кто	что
Р. п.	кого	чего
Д. п.	кому	чему
В. п.	кого	что
Тв. п.	кем	чем
Пр. п.	о ком	о чем

Склонение местоимения «чей»

Падежи	Единственное число		Множественное число
И. п.	чей, чье	чья	чьи
Р. п.	чьего	чьей	чьих
Д. п.	чьему	чьей	чьим
В. п.	чей, чье, чьего	чью	чьи, чьих
Тв. п.	чьим	чьей	чьими
Пр. п.	о чьем	о чьей	о чьих

Склонение причастий

Падеж	Единственное число			Множест-венное число
	Мужской род	Женский род	Средний род	
И. п.	строящий	строящая	строящее	строящие
Р. п.	строящего	строящей	строящего	строящих
Д. п.	строящему	строящей	строящему	строящим
В. п.	строящий (или строящего)	строящую	строящий	строящих (или строящие)
Тв. п.	строящим	строящей	строящим	строящими
Пр. п.	о строящем	о строящей	о строящем	о строящих
И. п.	борющийся	борющаяся	борющееся	борющиеся
Р. п.	борющегося	борющейся	борющегося	борющихся
Д. п.	борющемуся	борющейся	борющемуся	борющимся
В. п.	борющийся (или борющегося)	борющуюся	борющееся	борющихся (или борющееся)
Тв. п.	борющимся	борющейся	борющимся	борющимися
Пр. п.	о борющемся	о борющейся	о борющемся	о борющихся

Спряжение глаголов

Лицо	I спряжение		II спряжение	
	Единствен-ное число	Множествен-ное число	Единствен-ное число	Множествен-ное число
1-е	читаю	читаем	люблю	любим
	пишу	пишем	молчу	молчим
2-е	читаешь	читаете	любишь	любите
	пишешь	пишете	молчишь	молчите
3-е	читает	читают	любит	любят
	пишет	пишут	молчит	молчат

Разноспрягаемые глаголы

Лицо	Единственное число		Множественное число	
1-е	хочу	бегу	хотим	бежим
2-е	хочешь	бежишь	хотите	бежите
3-е	хочет	бежит	хотят	бегут

Приложение № 3

Схемы и образцы морфологического разбора слов всех частей речи

Схема разбора имени существительного

Имя существительное, изменяемое по числам:

1. Часть речи, начальная форма (Им. п., ед. ч.).

2. Постоянные признаки:

    а) собственное или нарицательное;

    б) одушевленное или неодушевленное;

    в) конкретное, абстрактное, вещественное или собирательное;

    г) род;

    д) тип склонения.

3. Непостоянные признаки:

    а) число;

    б) падеж.

Имя существительное, не имеющее соотносительных форм числа.

1. Часть речи, начальная форма (Им. п.).

2. Постоянные признаки:

    а) собственное или нарицательное;

    б) одушевленное или неодушевленное;

в) конкретное, абстрактное, вещественное или собирательное;

г) число;

д) для единственного числа — род;

е) для единственного числа — тип склонения.

3. Непостоянные признаки:

а) падеж.

Пояснение: несклоняемые существительные типа *кофе, пальто, кино* обладают морфологическими признаками рода, числа и падежа, но выявляют их синтаксически, то есть в составе словосочетания или предложения.

Образец разбора существительного

В комнате прохладно.

Существительное *«комнате»*. Начальная форма — *комната*.

Постоянные признаки:

а) нарицательное;

б) неодушевленное;

в) конкретное;

г) женского рода;

д) 1-го склонения.

Непостоянные признаки:

а) ед. число;

б) Пр. падеж.

Пальто висит на вешалке.

Существительное «*пальто*». Начальная форма — *пальто*.

Постоянные признаки:

    а) нарицательное;

    б) неодушевленное;

    в) конкретное;

    г) ср. рода;

    д) нулевого склонения (несклоняемое).

Непостоянные признаки:

    а) ед. число;

    б) Им. падеж.

Схема морфологического разбора имени прилагательного

Имя прилагательное в полной форме

1. Часть речи, начальная форма (Им. п., ед. ч., м. р.)

2. Постоянные признаки:

    а) лексико-грамматический разряд (качественное, относительное или притяжательное местоимение);

    б) вариант склонения (твердый, мягкий или смешанный).

3. Непостоянные признаки:

    а) падеж;

    б) число;

    в) в единственном числе — род.

Имя прилагательное в краткой форме

1. Часть речи, начальная форма (полная форма, Им. п., ед. ч., м. р.).

2. Постоянные признаки:
   а) лексико-грамматический разряд (качественное);
   б) тип склонения (твердый, мягкий или смешанный).

3. Непостоянные признаки:
   а) число;
   б) в единственном числе — род.

Имя прилагательное в формах степеней сравнения (кроме сравнительной простой) разбирается так же, как и прилагательное в полной исходной форме. Форма простой сравнительной степени прилагательного — это слово неизменяемое, поэтому непостоянных признаков у такого прилагательного не будет (значений рода, числа и падежа), а лексико-грамматический разряд и тип склонения определить можно.

Образец разбора прилагательного

Во глубине сибирских руд храните гордое терпенье.

Сибирских — прилагательное, начальная форма — *сибирский*.

Постоянные признаки:
   а) относительное;
   б) смешанный вариант склонения.

Непостоянные признаки:
   а) Род. падеж;
   б) мн. число.

Гордое — прилагательное, начальная форма — *гордый*.

Постоянные признаки:

    а) качественное;

    б) твердый вариант склонения.

Непостоянные признаки:

    а) Вин. падеж;

    б) ед. число;

    в) ср. род.

Дом очень красив.

Красив — прилагательное в краткой форме, начальная форма — *красивый*.

Постоянные признаки:

    а) качественное;

    б) твердый вариант склонения.

Непостоянные признаки:

    а) ед. число;

    б) мужской род.

Схема морфологического разбора имени числительного

1. Часть речи, начальная форма (Им. п., для порядковых — Им. п., м. р., ед. ч.).

2. Постоянные признаки:

    а) разряд по значению (количественное, порядковое, собирательное или дробное);

б) разряд по составу (простое, сложное или составное).

3. Непостоянные признаки:

    а) падеж;

    б) род (для слов *один, два, оба* и для порядковых числительных);

    в) число (для порядковых числительных).

Образец морфологического разбора числительного

Для покупки не хватало пяти рублей.

Пяти — числительное, начальная форма — ***пять.***

    Постоянные признаки:

        а) количественное;

        б) простое.

    Непостоянные признаки:

        а) Род. падеж.

В мастерской было двое ножниц.

Двое — числительное, начальная форма — ***двое.***

    Постоянные признаки:

        а) собирательное.

    Непостоянные признаки:

        а) Им. падеж.

В соревнованиях он занял только седьмое место.

Седьмое — числительное, начальная форма — ***седьмой.***

    Постоянные признаки:

        а) порядковое;

        б) простое.

Непостоянные признаки:

    а) Вин. падеж;

    б) ед. число;

    в) средний род.

Две трети денег ушло на уплату долга.

Две трети — числительное, дробное, начальная форма — *две трети.*

Постоянные признаки:

а) дробное.

Непостоянные признаки:

а) Им. падеж.

Образец морфологического разбора местоимения

У меня зазвонил телефон.

Меня — местоимение, начальная форма — *я.*

Постоянные признаки:

    а) личное.

Непостоянные признаки:

    а) 1-е лицо;

    б) ед. число;

    в) Род. падеж.

Я знаю, кто придет сегодня.

Кто — местоимение, начальная форма — *кто.*

Постоянные признаки:

    а) относительное.

Непостоянные признаки:
   а) Им. падеж.

Всякий человек может ошибиться.

Всякий — местоимение, начальная форма — ***всякий.***

Постоянные признаки:
   а) определительное.

Непостоянные признаки:
   а) ед. число;
   б) мужской род;
   в) Им. падеж.

Схемы морфологического разбора местоимений

Местоимение как часть речи в грамматическом отношении не образует единства: есть местоимения, которые изменяются по типу прилагательных, есть такие, словоизменение которых напоминает существительные, и есть местоимения, некоторыми чертами похожие на числительные. Поэтому единой схемы разбора всех местоимений не существует.

Схема разбора личных местоимений

1. Часть речи, начальная форма (Им. падеж).

2. Постоянные признаки:
   а) разряд по значению.

3. Непостоянные признаки:
   а) лицо;
   б) число;
   в) падеж;

г) у местоимений 3-го лица в единственном числе — род.

Примечание. Признаки лица и числа у личных местоимений иногда считают постоянными, потому что смысловое различие между «я» и «мы», «ты» и «вы» слишком велико, чтобы считать их формами одного слова. Однако традиционно их рассматривают именно как формы личных местоимений.

Схема разбора местоимений-прилагательных:

1. Часть речи, начальная форма (Им. падеж, ед. число, мужской род).

2. Постоянные признаки:

   а) разряд по значению.

3. Непостоянные признаки:

   а) падеж;

   б) число;

   в) в единственном числе — род.

Схема разбора местоимений-существительных (кто, что, себя)

1. Часть речи, начальная форма (для местоимений «кто», «что» и их производных типа «кто-то», «что-нибудь», — Им. падеж, для возвратного местоимения «себя» — Род. падеж).

2. Постоянный признак:

   а) разряд по значению.

3. Непостоянный признак:

   а) падеж.

Схема морфологического разбора глагола

1. Инфинитив:
   - а) вид (совершенный или несовершенный);
   - б) тип спряжения (I, II или разноспрягаемый глагол);
   - в) возвратность (возвратный или невозвратный глагол);
   - г) переходность (переходный или непереходный глагол);
   - д) залог (действительный или страдательный).

Примечание. Инфинитив — начальная форма глагола, причем — неизменяемая. Поэтому инфинитив имеет только постоянные признаки.

2. Глагол в изъявительном наклонении:
   - а) начальная форма — инфинитив.

Постоянные признаки глагола:
   - а)вид; б) тип спряжения; в) возвратность; г) переходность; д) залог.

Непостоянные признаки:
   - а)наклонение; б) время; в) в настоящем и будущем времени — лицо и число; г) в прошедшем времени — число и в единственном числе — род.

3. Глагол в повелительном наклонении:
   - а) начальная форма — инфинитив.

Постоянные признаки глагола по инфинитиву.

Непостоянные признаки:
   - а) наклонение, б) лицо, в) число.

4. Глагол в условном наклонении:
   - а) начальная форма — инфинитив.

Постоянные признаки по инфинитиву.

Непостоянные признаки:

а) наклонение, б) число, в) в единственном числе — род.

Образец морфологического разбора глагола

Учиться профессии — вот наша главная задача.

Глагол *учиться*, начальная форма — *учиться*.

а) несовершенный вид;
б) II спряжение;
в) возвратный;
г) непереходный;
д) действительный залог.

Он пришел слишком рано.

Глагол *пришел*, начальная форма — *прийти*.

Постоянные признаки:

а) совершенный вид;
б) I спряжение;
в) невозвратный;
г) непереходный;
д) действительный залог.

Непостоянные признаки:

а) изъявительное наклонение;
б) прошедшее время;
в) ед. число;
г) мужской род.

Принесите тетради!

Глагол *принесите*, начальная форма — *принести*.

Постоянные признаки:

а) совершенный вид;
б) I спряжение;

в) невозвратный;

г) переходный;

д) действительный залог.

Непостоянные признаки:

а) повелительное наклонение;

б) 2-е лицо;

в) мн. число.

Если бы он работал в течение года, он смог бы сдать зачет.

Глагол *работал (бы)*, начальная форма — *работать*.

Постоянные признаки:

а) несовершенный вид;

б) I спряжение;

в) невозвратный;

г) непереходный;

д) действительный залог.

Непостоянные признаки:

а) сослагательное (условное) наклонение;

б) ед. число;

в) мужской род.

Схема морфологического разбора причастия

Поскольку причастие — это не самостоятельная часть речи, а особая форма глагола, начальной формой при разборе следует считать соответствующий инфинитив.

I. Начальная форма — инфинитив.

II. От какого глагола образовано причастие:

а) вид;

б) тип спряжения;

в) переходность;

г) возвратность.

III. Глагольные признаки самого причастия, которые могут у причастия меняться:

    а) залог (действительное или страдательное причастие);

    б) время (настоящее или прошедшее).

IV. Признаки, общие у причастия с прилагательным:

    а) падеж;

    б) число;

    в) в единственном числе — род.

Примечания. Признаки вида, спряжения, переходности и возвратности вряд ли можно приписать самому причастию (к примеру, нельзя сказать, что причастие относится ко II спряжению, так как причастие — это неспрягаемая глагольная форма, к причастию нельзя поставить вопрос, с помощью которого определяется вид: *что делать?* или *что сделать?*). Но эти признаки важно учесть, так как они влияют на образование причастий: с видом связана возможность образования форм настоящего времени причастий, от спряжения зависит характер суффикса, переходность определяет возможность образования страдательных причастий, а показатель возвратности **-ся** сохраняется при образовании форм причастия.

Разбор кратких форм причастия имеет те же особенности, что и разбор кратких прилагательных. Как и краткие прилагательные, краткие причастия не изменяются по падежам, но изменяются по числам и в единственном числе — по родам, а в предложении бывают сказуемыми.

Образец морфологического разбора причастия

Читающая книгу девушка показалась мне знакомой.

Причастие *читающая*, начальная форма — *читать*.

Причастие образовано от глагола:
- а) несовершенного вида;
- б) I спряжения;
- в) переходного;
- г) невозвратного.

Причастие имеет глагольные признаки:
- а) действительный залог;
- б) настоящее время.

Причастие имеет признаки прилагательного:
- а) Им. падеж;
- б) ед. число;
- в) женский род.

Повесть напечатана в журнале.

Причастие *напечатана*, начальная форма — *напечатать*.

Причастие образовано от глагола:
- а) совершенного вида;
- б) I спряжения;
- в) переходного;
- г) невозвратного.

Причастие употреблено в краткой форме, которая образована от формы страдательного залога прошедшего времени — *напечатанная*.

Причастие имеет признаки прилагательного:
- а) ед. число;
- б) женский род.

Схема разбора деепричастия

Поскольку деепричастие — это глагольная форма, начальной формой следует считать инфинитив.

I. Начальная форма.

II. От какого глагола образовано деепричастие:
    а) переходность;
    б) возвратность.

III. Морфологические признаки деепричастия, получившие собственное формальное выражение:
    а) вид (совершенный или несовершенный).

IV. Неизменяемая форма глагола.

Примечания. Признаки возвратности и переходности не присущи собственно деепричастию, но на них важно указать, анализируя инфинитив, так как деепричастие сохраняет особенности управления глагола, от которого оно образовано, а также сохраняет аффикс **-ся** со значением возвратности.

Образец разбора деепричастия

Читая книгу, я увлекся и забыл обо всем.

Деепричастие — *читая*, начальная форма — *читать*.

    Деепричастие образовано от глагола:
        а) переходного;
        б) невозвратного.

    Деепричастие несовершенного вида.

    Это неизменяемая форма глагола.

Перечитав книгу, я понял главное.

Деепричастие — *перечитав*, начальная форма — *перечитать*.

Деепричастие образовано от глагола:

- а) переходного;
- б) невозвратного.

Деепричастие совершенного вида.

Это неизменяемая форма глагола.

Схема морфологического разбора наречия

1. Наречие.
2. Разряд по общему значению (или по способу представления признака — местоименное или неместоименное наречие).
3. Частное значение (времени, места, причины, цели, образа действия, меры и степени).

Образец морфологического разбора наречия

Зимой в этих местах часто бывают метели.

Наречие *зимой*, это неизменяемая часть речи.

Наречие неместоименное.

Наречие со значением времени (отвечает на вопрос *когда?*).

Конькобежец под номером «пять» движется быстрее всех.

Наречие *быстрее*. Наречие употреблено в форме сравнительной степени.

Начальная форма — *быстро*.

Наречие неместоименное.

Наречие со значением образа действия (отвечает на вопрос *как?*).

Схема морфологического разбора предлога

1. Часть речи.

2. Производный или непроизводный предлог.

3. С каким падежом существительного (или другого имени) употреблен.

4. Выражаемые отношения (значение предлога).

Дождь шел в течение двух дней.

Предлог *в течение.*

Производный (образован от первообразного предлога «в» и существительного «течение»).

Употреблен с родительным падежом существительного «день».

Предлог выражает значение времени.

В лесу было тихо.

Предлог *в.*

Непроизводный.

Употреблен с формой предложного падежа существительного «лес».

Предлог выражает значение места, пространства.

Схема морфологического разбора союза

1. Часть речи.

2. Разряд по составу (простой, составной, повторяющийся).

3. Тип союза в зависимости от характера выражаемой связи (сочинительный или подчинительный).

4. Группа по значению (среди сочинительных союзов
— соединительные, противительные и разделительные, среди подчинительных — союзы со значением
времени, уступки, причины, следствия, сравнения,
условия, цели).

Образец морфологического разбора союза

Муравей невелик, но горы копает.

Союз *но*.

Простой союз.

Сочинительный.

Противительный.

Если пойдет дождь, придется остаться дома.

Союз *если*.

Простой союз.

Подчинительный.

Союз с условным значением.

Пошел дождь, так что пришлось остаться дома.

Союз *так что*.

Союз составной (состоит из двух элементов, которые
пишутся раздельно).

Союз подчинительный.

Союз со значением следствия.

Схема морфологического разбора частицы

1. Часть речи.

2. Разряд по значению (вопросительные, восклицательные, указательные, усилительные, отрицательные, утвердительные, частицы, обозначающие отношение к достоверности высказывания).

3. К какому слову (группе слов, предложению) относится частица.

Образец морфологического разбора частицы

Что за прелесть эти сказки!

Частица *что за*.

Восклицательная.

Относится к существительному «прелесть».

Я не знал, ни кто придет к нам, ни что они сделают.

Частицы *не, ни*.

Частица «не» отрицательная, относится к глаголу «знал», частицы «ни» усилительны, относятся к местоимениям «кто» и «что».

Неужели в самом деле все качели погорели?

Частица *неужели*.

Вопросительная.

Относится ко всему предложению в целом.

Схема морфологического разбора междометия

1. Часть речи.

2. Разряд по значению.

3. Группа по составу (первообразное или непервообразное междометие).

Образец морфологического разбора междометия

Здравствуйте, товарищи потомки! (М.)

Междометие *«здравствуйте»*

Междометие является этикетной формой, выражающей приветствие.

Междометие непервообразное, оно образовано от глагола в повелительном наклонении.

Ура! В Россию скачет кочующий деспот. (П.)

Междометие *«ура».*

Междометие выражает радость, восторг.

Междометие первообразное.

Приложение № 4

Таблицы по морфологии

Морфологические разряды слов

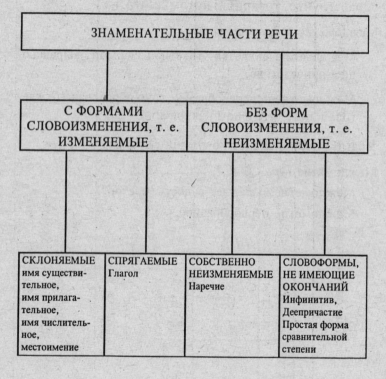

Таблица 2

Классификация знаменательных частей речи

Признаки частей речи	Части речи						
	существи- тельное	прилага- тельное	числи- тельное	местоиме- ние	глагол	наречие	слова категории состояния
Общее значение	Значение предмета	Значение признака	Количество	Указание на предмет, признак, количество	Действие	Признак действия	Состояние пред- мета или окружающей среды
Морфоло- гические	Категории рода, числа, падежа	Зависимые категории рода, числа, падежа	Категория падежа	Как у существи- тельных, прилагатель- ных, числи- тельных	Вид, наклоне- ние, время, лицо	Неизменяемость	
Синтакси- ческие (роль в предложе- нии)	Подлежа- щее, дополне- ние	Определе- ние	Подлежа- щее, дополнение, определение		Подлежа- щее, дополнение, определение	Обстоя- тельство	Главный член безличного предложения

Распределение склоняемых существительных по родам

Мужской	Женский	Средний	Общий
С основой на парный твердый согласный с нулевым окончанием; с суффиксами -ище, -ишко, -ка, -ишка, образованные от имен мужского рода (*носище, городишко, плутишка*); слова, обозначающие лиц мужского пола, с основой на парный мягкий согласный и шипящий с нулевым окончанием в Им. падеже и окончанием -а в Род. падеже ед. числа	С окончанием -а, -я в Им. падеже (кроме названий лиц мужского пола), с основой на парный мягкий согласный и шипящий с нулевым окончанием в Им. падеже, но с окончанием -и в Род. падеже ед. числа (*ночь, мышь, лень*)	С окончаниями -о, -е в Им. падеже (кроме типа *домишко, носище*), 11 слов на -мя (*пламя, племя* и др.), существительное *дитя*	Существительные, обозначающие лиц мужского и женского пола (нарицательные — *сирота, староста, плакса* и собственные имена типа *Саша, Женя*)

Таблица 4

Распределение по родам несклоняемых существительных

Мужской	Женский	Средний	Общий
Слова, обозначающие лиц мужского пола (собственные имена — *Анри, Жолио* и под., нарицательные — *камикадзе, кули, маэстро, мсье*). Большинство названий животных и птиц, если нет подчеркнутого указания на самку: *шимпанзе, кенгуру, эму, фламинго.* Названия национальных языков *(урду, фарси, хинди)*, ветров *(сирокко, памперо).* Существительное *кофе.*	Слова, обозначающие лиц женского пола: *мадемуазель, мадам, Люси, Мэри.* Названия животных при подчеркнутом указании на самку: «Шимпанзе кормила детеныша». Некоторые существительные, имеющие гипероним женского рода: *кольраби* (капуста — ж. р.), *салями* (колбаса — ж. р.).	Подавляющее большинство неодушевленных существительных: *пальто, какао, депо, кашне, шоссе.*	Существительные, обозначающие лиц мужского и женского пола: *конферансье, портье.*

Таблица 5

Типы склонения существительных

Тип склонения	Существительные, относящиеся к данному типу склонения	Образец склонения
1-е	Существительные женского, мужского и общего рода на -а, -я	И.п. дата, земля, Мария Р.п. даты, земли, Марии Д.п. дате, земле, Марии В.п. дату, землю, Марию Тв.п. датой, землей, Марией Пр.п. (о)дате, земле, Марии
2-е	Существительные мужского рода с нулевым окончанием, кроме слова *путь*; существительные среднего и мужского рода на -о, -е	И.п. стол, конь, поле Р.п. стола, коня, поля Д.п. столу, коню, полю В.п. стол, коня, поле Тв.п. столом, конем, полем Пр.п. (о) столе, коне, поле
3-е	Существительные женского рода с нулевым окончанием	И.п. и В.п. дочь, печь Р., Д., Пр.п. дочери, печи Тв.п. дочерью, печью
Разно-склоняемые	Существительные среднего рода на -мя и слово *путь*	И. и В.п. время, путь Р., Д., Пр.п. времени, пути Тв.п. временем, путём

Т а б л и ц а 6

Краткие формы прилагательных

Образование	Морфологические признаки	Синтаксические функции
От основы полной формы с помощью окончаний: для мужского рода — нулевое, для женского -а, для среднего -о. Во множественном числе окончание -и—ы	Изменяется по числам, в единственном числе — по родам. В отличие от полных прилагательных не изменяются по падежам (остатки былого склонения проявляются во фразеологизмах: *на босу ногу, средь бела дня)*	В отличие от полных прилагательных краткие выполняют только одну синтаксическую функцию — сказуемого (именной части составного именного сказуемого)

Соотношение местоимений с другими частями речи

Местоимения		
Местоимения-существительные	Местоимения-прилагательные	Местоимения-числительные
Изменяются по падежам подобно существительным. Категория рода проявляется в особых формах только у местоимений 3-го лица единственного числа (*он, она, оно*). Личные местоимения 1-го и 2-го лица соотносятся с прилагательными и глаголами всех родов (*я пришел, я пришла*). Личные местоимения изменяются по числам, причем семантическое различие форм ед. и мн. числа велико.	Не имеют никаких отличий от прилагательных в области словоизменения: изменяются по родам, числам и падежам, причем категории рода, числа и падежа — согласуемые.	Как и числительные, не различают форм рода и числа, но изменяются по падежам. Соединяются с существительными аналогично числительным: *пять книг = несколько книг.*

Т а б л и ц а 8

Многообразие глагольных форм

Т а б л и ц а 9

Инфинитив (неопределенная форма глагола)

Значение	Суффиксы	Морфологические признаки	Синтаксические функции
Называет действие или состояние безотносительно к субъекту, времени протекания действия (абстрактное представление действия)	-ть, -ти, -чь	Обладает только постоянными признаками (вид, переходность/непереходность, возвратность)	1. Сказуемое (Я хочу **учиться**) 2. Подлежащее (**Учиться** — всегда пригодится) 3. Дополнение (Опытный педагог помогает **учиться** своим воспитанникам) 4. Определение (Желание **учиться** охватило меня) 5. Обстоятельство цели при глаголах движения (Маша ехала в город **учиться**)

Категория вида глагола

Глаголы	
Несовершенного вида	Совершенного вида
Имеют три формы времени (настоящее, прошедшее и будущее). Образуют сложную форму будущего времени. Образуют причастия прошедшего и настоящего времени. Образуют деепричастия несовершенного вида.	Имеют только две формы времени — прошедшее и будущее время, форм настоящего времени не образуют. Образуют простую форму будущего времени. Образуют причастия только прошедшего времени. Образуют деепричастия совершенного вида.

Способы образования видов глагола

Частотные (продуктивные) способы	Редкие (непродуктивные) способы
1. С помощью суффиксов (суффиксация): выписать — выписывать кричать — крикнуть обосновать — обосновывать	1. С помощью разных основ (супплетивный способ): брать — взять класть — положить ловить — поймать
2. С помощью приставок (префиксация): учить — выучить делать — сделать чинить — починить	2. Мена ударения: насыпа́ть — насы́пать разреза́ть — разре́зать

Категория наклонения глагола

Формы наклонения глагола		
Выражающее реальное действие	Выражающее нереальные действия	
Изъявительное наклонение	Повелительное наклонение	Сослагательное наклонение
Служит для обозначения реального действия, которое происходит в настоящем, будет происходить в будущем или было в прошлом.	Служит для обозначения действия, которое просят или приказывают совершить.	Служит для обозначения действия, которое возможно при каком-либо условии.
Показатели изъявительного наклонения совпадают со средствами выражения времени, лица и числа у глагола. Имеет формы времени. Имеет 3 формы лица.	Имеет формальные показатели повелительного наклонения (суффикс -й: *читай*; окончание -и: *иди*; частицы пусть, давай, да: *пусть придет, давай пойдем, да здравствует*). Не имеет форм времени. Не имеет формы 1-го лица ед. числа.	Имеет формальный показатель— частицу бы (*читал бы, если бы не заснул*). Не имеет форм времени. Не имеет форм лица.

Спряжение глагола (определение типа спряжения по алгоритму)

1. Ударное ли у глагола личное окончание?

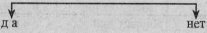

да   нет

(определение   (спряжение определяется по инфинитиву)
спряжения не
вызывает   2. Оканчивается ли инфинитив на -ить?
трудностей, так
как ударные
гласные е—и
четко
различаются)

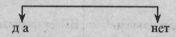

да   нет

Глагол II   3. Входит ли глагол в
спряжения   число исключений
(кроме *брить,*   (*гнать, держать,*
стелить,   *смотреть, видеть,*
зиждиться)   *дышать, слышать,*
                      ненавидеть, обидеть,
                      терпеть, зависеть,
                      вертеть)?

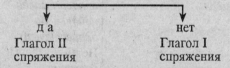

да   нет
Глагол II   Глагол I
спряжения   спряжения

Примечания. 1. Глаголы *стелить* (*стлать*), *брить, зиждиться*
                   относятся к I спряжению.

                 2. Глаголы *хотеть, бежать, чтить*
                    разноспрягаемые.

Грамматические признаки причастий

Грамматические признаки	
Сходные у причастия с глаголом	Сходные у причастия с прилагательным
1. Залог (*читающий — читаемый*)	1. Зависимые от существительного формы рода, числа, падежа.
2. Время (*читающий — читавший*)	2. Краткая форма (у страдательных причастий), которая, подобно краткой форме прилагательного, не изменяется по падежам.
3. Глагольное управление именем существительным: *читать книгу — читающий книгу.*	3. Связь с именем существительным по типу согласования.
4. Может пояснаться наречием: *быстро читать — быстро читающий.*	4. Функции определения и именной части сказуемого в предложении.

Т а б л и ц а 15

Система форм причастий у различных глаголов

Глаголы		Действительные		Страдательные	
		Настоящее время	Прошедшее время	Настоящее время	Прошедшее время
Непереходные	Совершенного вида	—	Убежа́вший Прише́дший	—	—
	Несовершенного вида	Иду́щий Летя́щий	Ше́дший Лете́вший	—	—
Переходные	Совершенного вида	—	Прочита́вший Рассказа́вший	—	Прочи́танный Расска́занный
	Несовершенного вида	Лю́бящий Несу́щий Ви́дящий	Люби́вший Не́сший Ви́девший	Люби́мый Несо́мый Ви́димый	— — Ви́денный

Т а б л и ц а 16

Деепричастие

Грамматические признаки	
Сходные с глаголом	Сходные с наречием
1. Категория вида (*сделать — сделав, делать — делая*)	1. Отсутствие форм словоизменения (неизменяемость)
2. Возвратность (*умываться — умываясь*)	2. Примыкает к глаголу
3. Глагольное управление (*читать книгу — читая книгу*)	3. В предложении выполняет функцию обстоятельства
4. Поясняется наречием: *быстро читать — быстро читая*	

Таблица 17

Слова категории состояния

Структурные (словообразователь-ные) разряды	Лексическое значение	Грамматические признаки
Слова на -о (*душно, морозно, ветрено*)	Состояние природы	Морфологическая неизменяемость (кроме форм степеней сравнения от некоторых слов)
Слова на -о, омонимичные наречиям на -о (на улице **красиво**)	Состояние окружающей среды	
Слова, омонимичные с существительными (*охота, мука, смех, пора*)	Состояние человека	Синтаксическая функция — сказуемое в безличном предложении

Таблица 18

Служебные части речи

Общие свойства служебных частей речи (в отличие от знаменательных)	Различия служебных слов		
	Предлоги	Союзы	Частицы
1. Не имеют номинативного значения. 2. Не имеют грамматических категорий и форм словоизменения. 3. Не являются членами предложения. 4. Выполняют служебные функции в предложении.	Выражают различные отношения имен существительных к другим словам в предложении — к глаголу, к прилагательному, к другому существительному.	Выражают отношения между отдельными членами предложения, частями сложного предложения.	Выражают добавочные смысловые оттенки, эмоции, участвуют в образовании сложных форм наклонения.

Классификация союзов по характеру выражаемых отношений	
Сочинительные союзы	Подчинительные союзы
1. Соединительные **и, ни — ни, да** (в значении «и»), **тоже, также.**	1. Временные (**когда, как только, после того как, пока, едва**).
2. Разделительные **или, либо, то — то, не то — не то, то ли — то ли.**	2. Причинные (**потому что, оттого что, так как**).
3. Противительные **а, но, да** (в значении «но»), **однако, зато.**	3. Следствия (**так что**).
	4. Сравнительные (**как, будто, словно, точно**).
	5. Условные (**если, раз, ежели**).
	6. Уступительные (**хотя, несмотря на то что**).

Т а б л и ц а 20

Модальные слова

Соотносительность с другими частями речи	Значение	Синтаксические функции
1. С именем существительным (*правда, факт*). 2. С именем прилагательным в краткой форме (*конечно, вероятно, безусловно*). 3. Со словами категории состояния (*видно, должно*). 4. С глагольными формами (*кажется, значит*). 5. С местоимениями (*само собой, никак*). 6. Со словосочетаниями (*может быть, в самом деле*).	1. Реальности сообщения (*несомненно, правда*). 2. Возможности (*может быть*). 3. Достоверности (*видимо, должно быть*).	1. Вводные слова (*это, видимо, правильно*) 2. Слова — предложения (— Вы придете? — Конечно).

Приложение № 5

Таблицы признаков простого и сложного предложений

Признаки составных именных сказуемых

Основная часть							
Существительное	Прилагательное	Местоимение	Причастие	Числительное	Наречие	Сравнит. оборот	Словосочетание
мальчик, учитель, рабочий, бригадир, летчик, лауреат, артист, космонавт, в шляпе	взрослый, добрый, умный, честный, чужой, усталый, веселый	ваш, твой, мой, наш, свой, кто и др.	сосредоточенный, построен, утвержден, отколот, оживленный	один, первый, пять, пятый и т. д.	светло, налицо, впору, холодно, стыдно, прохладно	как белка, как бушующее море, как зеркало, словно лес	сильный с виду, двадцати лет, синий цвет

и

связки			
Глагол-связка в личной форме: быть, стать, становиться, оставаться, являться, считаться, казаться, оказаться, называться, делаться, бывать, именоваться, доводиться, явиться, состоять	Глагол движения или состояния в личной форме: идти, приходить, вставать, вернуться, ходить, бежать, сидеть, стоять, жить, притвориться, лежать, служить	Глагол-связка в личной форме: хотеть, перестать, желать, продолжать, мочь **и** другой глагол-связка в неопределенной форме «Хотел быть учителем»	Глагол-связка **быть** в личной форме **и** краткое прилагательное: обязан, рад, достоин, намерен, согласен, готов, должен, способен **и** другой глагол-связка в неопределенной форме

Признаки составных глагольных сказуемых

Основная часть				
Глагол в неопределенной форме				
Уговорить, улыбаться, убеждать,	писать, собирать, отказать,	говорить, учиться, встретить,	работать, бороться, выполнить,	рисовать, побеждать, добавить

и

связки	
Глаголы-связки в личной форме: перестать, хотеть, желать, мочь, начать, продолжать, кончить, бросить, приниматься, остаться, уметь, прекратить	Прилагательные в краткой форме: обязан, рад, должен, горазд, способен, волен, склонен
	и л и причастия в краткой форме: решено, поручено, приказано, завещано, суждено
	и л и наречия: можно, нужно, надо, нельзя, некогда, незачем, радостно, невозможно, пора, лень, охота, недосуг
	и глагол-связка быть или стать

Признаки определений

Определения отвечают на вопросы какой?, чей?, который?	
Выражается прилагательным, причастием, причастным оборотом, порядковым числительным, местоимением	Выражается существительным, наречием, прилагательным в сравнительной степени, глаголом в неопределенной форме, местоимением (её, его, их), словосочетанием
С определяемым словом связано согласованием	С определяемым словом связано управлением или примыканием
1. В **жаркий** день приятно походить по **тенистым** аллеям. 2. Работу нужно закончить к **пятому** апреля.	1. После заморозков ягоды **рябины** становятся сладкими. 2. Желание **учиться** никогда не оставляло его.

Признаки дополнений

Дополнения отвечают на вопросы косвенных падежей выражаются существительным, частью речи, употребленной в значении существительного, местоимением, количественным числительным, словосочетанием, глаголом в неопределенной форме			
прямое дополнение		косвенное дополнение	
относится к переходному глаголу		относится к глаголу, существительному, прилагательному, наречию	
выражается			
винительным падежом без предлога	родительным падежом без предлога, если	винительным падежом с предлогом	другими косвенными падежами с предлогами или без предлогов
	или а) ска- зуемое отрица- тельное б) дей- ствие направ- лено на часть предме- та		
1. Оттолкнув **меня**, бабушка бросилась к двери. 2. Доктор осмотрел **больного** и выписал **ему** лекарство.	1. Я не знаю этой песни. 2. Мальчик выпил молока и поел хлеба.	1. Облачко обратилось в белую тучу. 2. **Про вас** я не слышал, к несчастью, ничего хорошего.	1. Пассажиры любовались солнечным днем. 2. **От прежних цветников** уцелели одни пионы и маки.

Примеры предложений	Подчини-тельные союзы	Союзные слова	Указательное слово при поясняемом слове
1. При отлете иволги пропели, что далеки весенние капели (С. Прокофьев). 2. Учитель рассказал нам, куда улетают зимой птицы.	что, как, будто, чтобы, ли и др.	что, чей, как, какой, кто, когда, где, куда, откуда, почему и др.	± то

Примеры предложений	Подчини-тельные союзы	Союзные слова	Указательное слово при поясняемом слове
1. Позади дома рос старый сад, который совсем одичал.	—	который, какой, что, чей, когда, где, откуда, куда, кто и др.	± тот, такой
2. Сквозь стеклянную дверь было видна комната, где стояло фортепиано.	—		
3. Кто не боится дождя и холода, тот много интересного увидит в ноябрьском лесу.	—		

Т а б л и ц а 5

Признаки сложноподчинённого предложения с придаточной изъяснительной частью

Место придаточной части	Придаточная часть		
	отвечает на	поясняет	выражает значение
любое	падежные вопросы	глаголы речи или мысли или чувства; или прилагат. или наречие, или существит. с такими же значениями, как у глаголов	придаточное дополнительное (восполняет неполные по смыслу слова); главное выражение отношение лица к содержанию придаточного

Т а б л и ц а 6

Признаки сложноподчинённого предложения с придаточной определительной частью

Место придаточной части	Придаточная часть		
	отвечает на вопросы	поясняет	выражает значение
всегда после определяемого существительного	какой? какие?	существительное или слово, употр. в значении существит.	определения

	Примеры предложений	Подчинительные союзы	Союзные слова	Указ. слово при поясняемом слове
следствия	Погода испортилась, так что матч не состоялся.	так что	—	—
цели	Надо учиться, чтобы стать образованным человеком.	чтобы, для того чтобы, с тем чтобы	—	—
сравнения	Море пылало огнями, как будто его подожгли.	как, точно, будто, словно, подобно тому как, чем	—	—
места	Мы направились туда, куда ушли остальные ребята.	—	где, куда, откуда	там, туда, оттуда
времени	Когда я вошел в комнату, раздался телефонный звонок.	когда, пока, едва, как только, в то время как	—	—
причины	Снег растаял, так как приближалась весна.	потому что, оттого что, так как, ибо	—	—
условия	Если очень захочешь, то всегда добьешься своего.	если(бы), когда, раз	—	—
уступительные	Хотя буря не прекращалась, спасатели работали день и ночь.	хотя, пускай, правда	сколько ни, как ни и т. д.	—

Признаки сложноподчинённых предложений с обстоятельственными придаточными частями

Место при-даточной части	Придаточная часть		
	отвечает на вопросы	поясняет	выражает значение
после главной части	—	всю главную часть	следствия того, о чем говорится в главной части
любое	зачем? с какой целью?	всю главную часть	цели того, о чем говорится в главной части
любое	как?	всю главную часть	сравнения с тем, о чем говорится в главной части
любое	где? или куда? или откуда?	сказ. + указ. слово	места действия, названного в главной части
любое	когда? или как долго? или с каких пор?	всю главную часть	времени действия, назван. в главной части
любое	почему? отчего?	всю главную часть	причины того, о чем говорится в главной части
любое	при каком условии?	всю главную часть	условия того, о чем говорится в главной части
любое	несмотря на что?	всю главную часть	уступки, т. е. факта, вопреки которому произошло то, о чем говорится в главн. части

Признаки сложносочинённых предложений

Выражаемое смысловое значение	Союзы, служащие для выражения этих значений
Одновременность	и, да, ни — ни, тоже, также
Последовательность	и
Причина и следствие	и, и поэтому, поэтому
Противопоставление	а, но, да, однако, зато, же
Возможность одного явления из названных	или, либо, не то — не то, то ли — то ли
Чередование явлений	то — то

Последовательность в определении признаков сложных предложений

Сложносочинённые	Сложноподчинённые	Сложные бессоюзные
1. Установи, из скольких частей состоит данное предложение.	1. Найди главную часть и придаточную.	1. Установи, из скольких частей состоит данное предложение.
2. Назови союз (союзы) и укажи, к какой группе относится.	2. Отметь наличие или отсутствие в главной части указательного слова при поясняемом слове.	2. Определи в предложении смысловое значение.
3. Определи в предложении смысловое значение.	3. Укажи место придаточной части по отношению к главной.	3. Если в предложении более двух частей, установи, как они группируются по смыслу (или не группируются), и сделай вывод, какие смысловые отношения выражаются в предложении.
4. Если в предложении более двух частей, установи, как они группируются по смыслу (или не группируются), и сделай вывод, какие смысловые отношения выражаются в предложении.	4. Поставь вопрос к придаточной части.	
	5. Укажи, что поясняет придаточная часть.	
	6. На основании отмеченных признаков сделай вывод о виде придаточной части.	
	7. Установи, как взаимосвязаны придаточные части между собой и с главной частью, и сделай вывод, какое это подчинение: последовательное, однородное, неоднородное.	
	8. При последовательном подчинении укажи, сколько степеней подчинения.	

Признаки различия предлогов и союзов

Предлоги	Союзы
1. Несмотря на	1. Несмотря на **то что**
2. вследствие	2. вследствие **того что**
3. ввиду	3. ввиду **того что**
4. в связи с	4. в связи с **тем что**

1. Несмотря на плохую погоду, матч состоялся.	1. Несмотря на то что погода испортилась, матч состоялся.
2. Вследствие постоянных дождей дороги были размыты.	2. Дороги были размыты, вследствие того что шли постоянные дожди.
3. Ввиду плохой погоды матч не состоится.	3. Ввиду того что погода испортилась, матч не состоится.
4. В связи с аварией график движения поездов был нарушен.	4. В связи с тем что произошла авария, график движения поездов был нарушен.

Таблица 11

Союзы и союзные слова

Союзы	Союзные слова
1. Поскольку	1. По скольку
2. что	2. что
3. когда	3. когда
4. чем	4. чем
5. чтобы	5. что бы

1. Поскольку все были в сборе, решили отправиться на вокзал.	1. Надо было выяснить, по скольку книг достанется каждому ученику.
2. Он был рад, что снова увидится с друзьями.	2. Дом, что стоит на берегу реки, виден издалека. Я знаю, что ты мне принёс.
3. Когда я пришел в первый раз в школу, меня встретил учитель.	3. День, когда я в первый раз пришел в школу, запомнился мне надолго.
4. Чем лениться, лучше за книгу садиться.	4. Скажи мне, чем ты занят в воскресенье.
5. Чехов приехал в Москву, чтобы учиться.	5. Что бы вы ни говорили об этом поэте, произведения его еще долго будут волновать души людей.

Таблица 12

Союзы и омонимичные им частицы

Союзы	Частицы
1. Лишь	1. Лишь
2. только	2. только
3. едва	3. едва
4. как будто	4. как будто
5. словно	5. словно

1. По синим волнам океана, **лишь** звезды блеснут в небесах, корабль одинокий несется... (Л.)	1. Такому снегопаду радовались **лишь** дети.
2. **Только** я вошел в комнату, сейчас же раздался телефонный звонок.	2. Он не испугался и **только** вздрогнул.
3. Девицы чинно **едва** за блюдечки взялись, вдруг из-за двери залы длинной фагот и флейта раздались (П.).	3. От толчка он **едва** удержался на ногах.
4. Раздался грохот, **как будто** кто-то бил палкой по железной крыше (М. Горький).	4. Он вырос и **как будто** немного загорел.
5. Она была весела и бодра, **словно** и не было тревожной ночи.	5. Мать **словно** и не обрадовалась встрече.

Приложение № 6

Схема синтаксического разбора

Схема разбора словосочетания

1. Выделить словосочетание из предложения.

2. Указать, каким является словосочетание — делимым или неделимым.

3. Найти главное и зависимое слово: указать какими частями речи они выражены.

4. Определить способ синтаксической связи слов в словосочетании (управление, согласование, примыкание).

5. Указать грамматические средства выражения связи слов (окончания, предлоги, порядок слов).

6. Определить грамматическое значение словосочетания (определительное, обстоятельственное, объектное).

Образец устного разбора словосочетания

1. Я опять пришел сюда слушать морской прибой (Пришв.)

1) В данном предложении «я пришел» — грамматическая основа. Словосочетания — «опять пришел», «пришел сюда», «пришел слушать», «слушать прибой», «морской прибой».

2) Словосочетания делимые.

3) В словосочетании «опять пришел» главное слово «пришел». Это слово — глагол. Зависимое слово «опять» — наречие. Словосочетание образовано по схеме «наречие + глагол».

4) Способ связи слов — примыкание.

5) Зависимое слово связано с главным только по смыслу.

6) Грамматическое значение словосочетания — обстоятельственное, зависимое слово отвечает на вопрос обстоятельства «как?» и обозначает признак действия.

Словосочетание «пришел сюда» разбирается так же, как и «опять пришел». В словосочетании «пришел слушать» главное слово «пришел» выражено глаголом, зависимое — неопределенной формой глагола. Словосочетание образовано по схеме «глагол + неопределенная форма глагола». Способ связи слов — примыкание. Зависимое слово связано с главным только по смыслу. Грамматическое значение словосочетания — обстоятельственное, зависимое слово отвечает на вопрос обстоятельства «зачем?» и указывает цель действия (как его признак).

В словосочетании «слушать прибой» главное слово «слушать» выражено глаголом, зависимое «прибой» — именем существительным. Словосочетание образовано по схеме «глагол + существительное (в Вин. падеже)». Способ связи слов — управление. Связь зависимого слова с главным выражена нулевым окончанием винительного падежа. Грамматическое значение словосочетания — объектное (действие и явление, на которое оно направлено). Зависимое слово отвечает на вопрос «что?» (слушать что?).

В словосочетании «морской прибой» главное слово «прибой». Оно выражено существительным. Зависимое слово «морской» — прилагательное. Словосочетание образовано по схеме «прилагательное + существительное». Способ связи слов — согласование. Зависимое слово связано с главным с помощью окончания «-ой». Грамматическое значение словосочетания — определительное. Зависимое слово отвечает на вопрос определения «какой?» и обозначает признак предмета, а согласуется с главным словом в роде, числе и падеже.

Образец письменного разбора словосочетания

В предложении подчеркивается грамматическая основа предложения. Далее составляется схема синтаксической зависимости слов предложения: управление обозначается двумя чертами, согласование — одной, примыкание — пунктиром, например:

Я пришел (глагол)

сюда   опять   слушать (неопределенная форма глагола)
(наречие) (наречие)

прибой (существительное)

морской (прилагательное)

куда?
пришел сюда,
глаг. +
нареч.
примыкание
действие и
его признак
(обстоятель-
ственное
значение)

как?
пришел опять,
глагол +
нареч.
примыкание
действие и его
признак
(обстоятель-
ственное
значение)

зачем?
пришел слушать,
глагол + неопр.
форма глагола
примыкание
действие и его
признак
(обстоятельст-
венное значение)

что?
слушать прибой,
неопр. форма глаг.
+ сущ. (В. п.)
управление.
Действие и
явление, на кот.
оно направлено
(объектное
значение)

какой?
морской прибой,
прилагат. + существ.
согласование
предмет и его признак (определительное значение)

Схема синтаксического разбора простого предложения

I. Виды простого предложения по значению:

1) по цели высказывания (повествовательное, вопросительное, побудительное),

2) по эмоциональной окраске (восклицательное/невос-
клицательное),

3) по характеру отношений между главными членами
(утвердительное/отрицательное),

4) по характеру выражаемой ситуации (бытийное, пред-

ложение со значением характеризации, квалификации, деятельности, состояния).

II. Виды предложений по грамматическому строению:

1) по количественному составу главных членов (односоставное/двусоставное); если предложение односоставное, называем его разновидность (определенно-личное, неопределенно-личное, назывное, безличное),

2) по наличию второстепенных членов предложения (распространенное/нераспространенное),

3) по наличию обязательных членов предложения (полное/неполное); если предложение неполное, указать его разновидность,

4) по наличию осложнения (однородными членами, обособленными членами, обращением, вводными и вставными словами, словосочетаниями, предложениями) — осложненное/неосложненное.

III. Новая и известная информация в предложении.

IV. Разбор по членам предложения.

V. Пунктуационный разбор.

Образец разбора простого предложения

В то утро в Москве стояла малооблачная погода со слабым юго-западным ветерком (Леон.).

I. Это предложение простое, так как в нем одна грамматическая основа.

   1) повествовательное,

   2) невосклицательное,

   3) утвердительное,

4) со значением характеризации (какая погода стояла?).

II.
1) двусоставное,
2) распространенное,
3) полное,
4) неосложненное.

III. Известная информация «В то утро в Москве», новая — вся остальная часть предложения.

IV. Кроме главных членов, налицо обстоятельство времени «в то утро» и места — «в Москве», несогласованное определение к слову «погода» — «с ветерком» и два согласованных неоднородных определения — «со слабым юго-западным».

V. Запятая между неоднородными определениями не ставится, так как нет отношений уточнения.

Еще пример: «В центре города — широкая площадь, охваченная полукольцом административных зданий».

I. Это простое предложение.
1) повествовательное,
2) невосклицательное,
3) утвердительное,
4) со значением бытия (местонахождения).

II.
1) двусоставное,
2) распространенное,
3) неполное (сказуемое «находится» восстанавливается на основании присутствующих членов предложения),
4) предложение осложненное за счет обособленного распространенного определения, выраженного причастным оборотом.

III. Известная информация — «В центре города».

IV. Кроме грамматической основы в предложении налицо обстоятельство места «в центре», несогласованное определение «в центре города» и распространенное согласованное определение.

V. Согласованное определение обособляется, так как оно является распространенным и стоит после определяемого слова.

Схема разбора сложносочинённого предложения

1. Количество простых предложений, которые входят в состав сложносочинённого (назовите их).

2. Однородного или неоднородного состава сложносочинённое предложение по значению и строению?

3. Какими средствами связываются друг с другом простые предложения в составе сложного (союзами простыми, одиночными, повторяющимися или составными, интонацией)?

4. Какое значение передает союз и его уточнитель (если он имеется)?

5. Каковы дополнительные средства связи (употребление местоимений, одинаковый порядок слов в простых предложениях, лексические повторы, формы глаголов-сказуемых, общие второстепенные члены предложения, порядок следования простых предложений)?

6. Вид сложносочинённого предложения по характеру смысловых отношений в нем и их оттенков.

7. Можно ли изменить порядок следования простых предложений в составе сложных, переставить их?

8. Каково сложное предложение по цели высказывания, по эмоциональности?

9. Составить линейную схему сложносочинённого предложения.

Образец разбора

I. Сожженные деревенские дома уже чуть дымились, и не осталось на многие километры ни одной живой души (В. Закруткин).

1. Данное предложение сложносочинённое, состоит из двух простых предложений. Первое «Сожженные деревенские дома уже чуть дымились», второе — «не осталось на многие километры ни одной живой души».

2. Это сложносочинённое предложение однородного состава, так как простые предложения рисуют в совокупности одну картину и равноправны по смыслу.

3. Простые предложения связаны одиночным соединительным союзом «и», а также интонацией.

4. Союз соединительный, уточнитель союза отсутствует.

5. Формы глаголов-сказуемых (прошедшего времени совершенного и несовершенного вида) выражают одновременность событий.

6. Сложносочинённое предложение с соединительными перечислительными отношениями.

7. Простые предложения можно переставить, не изменив значения сложносочинённого предложения: Не осталось на многие километры ни одной живой души; и сожженные деревенские дома уже чуть дымились.

8. Сложное предложение повествовательное невосклицательное.

9. [ ], и [ ].

II. Либо моя речь произвела сильное впечатление, либо... у колонистов накипело (А. Макаренко).

1. Данное предложение сложное, сложносочинённое. Состоит из двух простых предложений. Первое «моя речь произвела сильное впечатление», второе — «у колонистов накипело».

2. Это сложносочинённое предложение однородного состава, простые предложения в них равноправны по смыслу.

3. Простые предложения связаны повторяющимся союзом «либо», интонацией.

4. Союз «либо — либо» передает разделительное значение.

5. Формы глаголов-сказуемых одинаковы (совершенный вид, прошедшее время).

6. Сложносочинённое предложение с разделительными отношениями с оттенком взаимоисключения событий.

7. Простое предложение можно переставить, не изменив значения сложного предложения.

8. Сложное предложение повествовательное, невосклицательное.

9. Либо [ ], либо [ ].

III. Тяжело налитые сапоги тянули ноги вниз, и он поэтому сначала решил нырнуть и стащить с себя сапоги (Сим.).

1. Это предложение сложное, сложносочинённое, состо-

ит из двух простых. Первое «Тяжело налитые сапоги тянули ноги вниз», второе — «Он поэтому сначала решил нырнуть и стащить с себя сапоги».

2. Это предложение неоднородного состава (первое простое предложение выражает причину, а второе — следствие, результат).

3. Простые предложения связаны одиночным союзом «и», а также интонацией.

4. В качестве уточнителя союза выступает наречие «поэтому».

5. Формы глаголов прошедшего времени выражают одновременность событий.

6. Сложносочинённое предложение с соединительными отношениями с оттенком следствия.

7. Простые предложения нельзя переставить, не изменив значения сложносочинённого предложения.

8. Сложносочинённое предложение повествовательное, невосклицательное.

Схема разбора сложноподчинённого предложения

1. К чему относится придаточное предложение (ко всему главному предложению или к слову, какому именно)?

2. Чем присоединяется придаточное (подчинительным союзом — двойным, расчлененным или нерасчлененным, или союзным словом?). Если придаточное присоединяется союзным словом, то указать, какая часть речи выступает в роли союзного слова, каким членом предложения оно является. Если союзом, то ука-

зать значение союза (в случаях, когда это возможно).

3. Имеется ли в главном предложении указательное слово? Каким членом предложения оно является, обязательно ли оно или его можно опустить?

4. Вид придаточного по значению (какой вопрос задаем к придаточному?).

5. К какому подвиду относится придаточное (обстоятельственное временное со значением одновременности и т. п.).

6. Положение придаточного (перед главным, после главного или в середине главного предложения). Можно ли изменить положение придаточного, переставив его?

7. Характеристика предложения по цели высказывания (повествовательное, вопросительное или побудительное) и эмоциональности (восклицательное или невосклицательное).

Образец разбора сложноподчинённого предложения

I. В сиреневых кустах, которые своими нежными пахучими цветами лезли прямо в лицо, копошились воробьи (Ч.).

1. Предложение сложноподчинённое, придаточное относится к слову «в кустах» — имени существительному.

2. К главному придаточное присоединяется союзным словом «которые» — относительным местоимением. Союзное слово является подлежащим придаточного предложения: «которые (кусты) своими нежными пахучими цветами лезли прямо в лицо».

3. Указательное слово отсутствует.

4. Придаточное отвечает на вопрос «каких?» и является определительным.

5. Относится к подвиду определительных придаточных с распространительным значением.

6. Придаточное стоит после существительного, к которому относится. Изменить порядок следования предложений нельзя.

7. Предложение повествовательное, невосклицательное.

II. Когда Чехов поселился в разоренном Мелихове, он посадил там около тысячи вишневых деревьев... (Чук.).

1. Предложение сложноподчинённое, придаточное относится ко всему главному предложению.

2. Присоединяется союзом со значением времени «когда».

3. Указательное слово отсутствует.

4. Придаточное отвечает на вопрос «когда?» и является обстоятельственным временным.

5. Придаточное со значением события, предшествующего действию главного предложения.

6. Придаточное стоит перед главным предложением, но может стоять после него или в середине главного.

7. Предложение повествовательное, невосклицательное.

III. А тот, кого учителем считаю, как тень прошел и тени не оставил (Ахм.).

1. Сложноподчинённое предложение, придаточное относится к указательному слову «тот».

2. Присоединяется союзным словом — относительным

местоимением «кого», которое выступает в придаточном в роли прямого дополнения.

3. Указательное слово «тот» в главном предложении является подлежащим. Оно обязательно.

4. К придаточному задаем вопрос «какой?» (имея в виду, что в главном опущено слово «человек» — «тот человек»). Придаточное определительное (если определять тип придаточного по синтаксической роли указательного слова, то оно — подлежащное).

5. Местоименно-определительное.

6. Придаточное стоит в середине главного, но может стоять перед и после него.

7. Предложение повествовательное, невосклицательное.

Схема разбора сложноподчинённого предложения с несколькими придаточными

1. Указать количество простых предложений в составе сложноподчинённого.

2. Определить способ связи простых предложений (однородное, неоднородное (параллельное) соподчинение или последовательное подчинение).

3. Назвать главное и придаточные предложения (в предложении с последовательным подчинением указать придаточное первой, второй и т. д. степени подчинения).

4. Далее единства, образуемые главным предложением и зависимым от него придаточным, разбираются по схеме разбора сложноподчинённого предложения, состоящего из двух частей.

Перед разбором следует составить графическую схему сложноподчинённого предложения.

Образец разбора сложноподчинённого предложения с несколькими придаточными

Дуняшка заметила, как дрожали ее руки, когда она присела на лавку и стала разглаживать на коленях складки старенького, приношенного передника (Шолохов).

1. Сложноподчинённое предложение состоит из трех простых предложений.

2. Способ связи придаточных — последовательное подчинение.

3. В предложении два придаточных — первой степени подчинения «как дрожали ее руки» и второй степени «когда она присела на лавку...».

4. Первое придаточное относится к слову «заметила» (глагол мысли).

5. К главному оно присоединяется союзом «как».

6. Указательного слова нет.

7. Придаточное может стоять перед главным предложением, но тогда оно будет выражать не новую, а уже известную информацию.

8. Придаточное отвечает на вопрос «что?» и является изъяснительным (дополнительным).

9. Второе придаточное относится ко всему первому придаточному.

10. Присоединяется оно к главному союзом «когда».

11. Указательного слова нет.

12. Придаточное может стоять перед придаточным первой степени, но в этом случае будет выражать уже не новую информацию, а известную (данное, тему).

13. Придаточное отвечает на вопрос «когда?» и является обстоятельственным времени.

14. Графическая схема предложения: [ ] ( ) ( ).

Схема разбора бессоюзного сложного предложения

1. Количество простых предложений, входящих в состав сложного. Назвать их.

2. Порядок следования простых предложений (постоянный или его можно изменить).

3. Имеются ли в первом или втором предложении лексические показатели связи между простыми предложениями?

4. Синонимично ли бессоюзное сложное предложение сложносочинённому или сложноподчинённому? Какому?

5. Смысловые отношения между простыми предложениями.

6. Интонация, с которой произносится бессоюзное предложение.

7. Знаки препинания.

8. Не осложнены ли простые предложения в составе сложного однородными членами, обособленными членами, вводными словами?

Образец разбора бессоюзного сложного предложения

«Я знаю: в вашем сердце есть и гордость и прямая честь» (П.).

1. В данном бессоюзном предложении два простых: «Я

знаю» и «В вашем сердце есть и гордость и прямая честь».

2. Порядок следования частей постоянный.

3. В первом предложении имеется глагол «знаю», требующий своего распространения, пояснения.

4. Бессоюзное предложение синонимично изъяснительному (дополнительному) сложноподчинённому предложению: Я знаю, что в вашем сердце есть и гордость и прямая честь.

5. Отношения дополнительные: вторая часть дополняет содержание первой, раскрывает его.

6. Первое предложение произносится с предупредительной интонацией. Между простыми предложениями значительная пауза.

7. Между предложениями ставится двоеточие.

8. Второе предложение осложнено однородными подлежащими.

Приложение № 7

Место русского языка среди славянских языков

Русский язык находится в близком родстве с другими славянскими языками, которые в свою очередь родственны другим индоевропейским языкам и вышли из одного с ними исконного языкового материала. Материал этот каждым народом был переработан и развит далее по-своему.

Народы — носители славянских языков — живут компактной массой в Европе и северной Азии; известны и отдельные славянские поселения в Америке. Славянские языки образуют особую семью. Общее число говорящих на славянских языках свыше 290 миллионов человек. Все эти языки отличаются большой степенью близости друг к другу. Эта близость объясняется как единством происхождения славянских языков, так и их длительными и интенсивными контактами.

Ученые установили, что все славянские племена в первые века нашей эры говорили на одном, общеславянском языке и хорошо понимали друг друга. Но жили они раздельно, расселялись все дальше и связи между ними слабели. И с VII—IX вв. единый общеславянский язык перестал существовать и распался на отдельные славянские языки. Тогда же возник единый восточнославянский (древнерусский) язык. На нем говорили предки украинцев, русских, белорусов.

В XIV—XV вв. древнерусский язык распался на три самостоятельных восточнославянских языка — русский, украинский, белорусский. Они наиболее близки между собой, так как выделились в самостоятельные позже других языков.

Русский язык отличается от других восточнославянских языков своей фонетической системой и морфологией.

Русская фонетическая система характеризуется взрывным звуком «г», при слегка гортанном произношении этого звука в белорусском и украинском языках, произношением мягких согласных зубных и шипящих перед звуком «j» (платье, судья и др.) и появлением на их месте долгих мягких согласных (в украинском — плаття, суддя).

В морфологии такими особенностями является отсутствие особой звательной формы при наличии ее в украинском и белорусском языках (брате, сынку — в укр. языке); отсутствие чередования «г, к, х» с ц, з, с в падежных формах существительных при наличии его в украинском и белорусском языках (укр. «нога — на нозе», белорусское «нога — на назе») и др.

В русском языке, как и в других восточнославянских языках, в отличие от других славянских языков налицо двусложные группы «оро, оло» (борода, голова, город и т. п.). В то время как в польском языке находим произношение «глова», чешском — «глава», болгарском — «глава», т. е. односложные группы «ла — ло».

Попробуем вслушаться или вчитаться в текст, представленный на любом другом славянском языке, и мы увидим много знакомых слов, одинаково или близко произносимых в русском.

Возьмем отрывок из текста перевода «Сказки о рыбаке и рыбке» А. С. Пушкина на болгарский язык:

> «**Старецът** ловял със **мрежа риба**.
> **баба** си **прела свойта прежда**.
> Хвърлил той **веднъж в морето**
> мрежата си, но **заграбал тиня**.
> **Втори** път си мрежата разгънал —
> та попаднала на **водорасли**».

Текст этого отрывка очень близок русскому языку, так как многие его слова совпадают с русскими или же отличаются очень незначительно, так что мы легко находим им русские параллели: старецът, баба, риба, море, тиня (тина), втори (второй), загребал, водорасли, веднъж (однажды).

Слово «мрежа» (сеть, невод) сейчас мы не употребляем. Зато можно найти в нашем языке слова одного с ним корня «мережить», «мережка» — вышивка в виде сетки.

Очень мало в этом отрывке слов, которых совсем нет в русском языке. Это слова хвърлил (бросил), той (он), разгънал (раскрыл). Бросается в глаза наличие в болгарском языке артиклей (ът, та, то, те), которые стоят не перед, а после существительного (море**то**, мрежа**та**).

Легко обнаружить много общих с русским языком слов и в исконно болгарских текстах. Так, в тексте отрывка стихотворения И. Вазова (1876 г.):

> Русия! Таз земя велика
> по шир, по брой, по сила! Тя
> с небето има си прилика
> и само с руската душа! —

мы легко узнаем знакомые слова «земля, велика, небо, ширь, сила, русская, душа».

Многие слова в различных славянских языках совпадают. Они представляют собой наиболее древнюю часть славянской лексики. И сейчас это наиболее употребительные слова, которые обозначают жизненно необходимые понятия. К общеславянским относятся наименования по родственным отношениям (мать, отец, сын, дочь, брат, сестра и др.), времен года (весна, лето, осень, зима), частей тела (голова, нос, зуб, рука, нога и др.), явлений природы (дождь, гроза, снег, ветер), названия деревьев (дуб, береза, липа, сосна), растений (морковь, тыква и др.), домашних животных (корова, коза, кот, конь, овца, свинья) и т. д.

Общими являются почти все числительные.

Конечно, многие слова оказываются свойственны одним славянским языкам и отсутствуют в других.

Некоторым словам в разных славянских языках соответствует разное значение. Так, слово «дума» в русском означает «мысль», а в болгарском «думам» переводится на русский «говорю».

Слово «гора» в польском языке означает «гора», а в болгарском — «лес», а гора называется «планина».

Слово «врач» в болгарском и сербско-хорватском языках означает «колдун», «предсказатель», а в русском — это тот, кто лечит людей. Слово «врач» восходит к слову «врать», которое первоначально имело значение «говорить». Слово «врач» означало «тот, кто говорят и лечит заговорами». Врачами называли знахарей. Их считали колдунами, и значение слова «врач» было близким к его значению в болгарском. Так с течением времени разошлись значения одного и того же слова.

Иногда одно и то же слово имеет в разных славянских языках прямо противоположные значения. Слово «урод», например, в русском — безобразный человек, а в польском «uroda» (урода) — красота. Слово «запомнить» в польском и чешском языках означает «забыть».

В области грамматики русский язык, как и другие славянские языки, сохраняет многие особенности, утраченные в других индоевропейских языках. Так, как и все славянские языки, за исключением болгарского, русский сохраняет древнее склонение имен.

Из восьми древних падежей утрачено лишь два.

Оригинальной чертой русского и славянских языков является то, что большинство из них развило в формах склонения категорию одушевленности — неодушевленности. Это выражается в том, что форма винительного падежа заменяется формой родительного («купить коня» вм. древнего «купить конь»).

Другой оригинальной чертой славянской и русской грамматик является развитие класса полных прилагательных путем присоединения местоименного элемента к древнему классу именных (кратких) прилагательных (добр — добра, добро). Наличие полных прилагательных (добрый — добрая) наряду с краткими прилагательными привело к их синтаксическому различию. Краткие употребляются только в роли сказуемого, полные — как в роли определения, так и сказуемого.

Вид как глагольная форма принадлежит только славянским языкам.

Давние исторические, культурные и языковые узы связывают русский народ с болгарским. Многие молодые болгарские люди отправлялись учиться в Россию и, возвратившись, открывала школы с преподаванием церковнославянского и русского языков.

Из России вновь вернулся в Болгарию восходящий к общеславянской основе и проникший в свое время на Русь из Болгарии старославянский (церковнославянский) язык церковных книг, утраченный Болгарией в период турецкого гнета.

Болгары пользуются кириллицей, близкой к русской гражданской азбуке. От русского алфавита болгарский отличается отсутствием букв «ы» и «э». Кроме того, буква «щ» передает сочетание двух согласных — «шт»: «щраф-штраф», а буква «ъ» обозначает особый краткий гласный звук.

Все согласные, кроме полумягких «ж, ш, дж, ч» в болгарском языке могут быть твердыми и мягкими. Однако в отличие от русского языка, в болгарском согласные не смягчаются перед гласными переднего ряда «е» и «и»; они утратили мягкость в конце слова и перед согласными: ден, солъ, кон (день, соль, конь — в русском языке), просба, борба, писмо (ср. русские — просьба, борьба, письмо)

Как и в русском языке, конечные звонкие согласные переходят в глухие· произношение звонких и глухих согласных перед согласными отражает процесс их регрессивной ассимиляции. все звонкие согласные перед глухими становятся глухими, а все глухие перед звонкими — звонкими. Однако на письме эти изменения, как и в русском языке, не отражаются.

Ударение в болгарском языке силовое и разноместное, как и в русском языке

В болгарском языке представлены 3 формы рода имен существительных, которые в основном совпадают с формами рода соответствующих русских имен, а также единственное и множественное число. Но болгарские имена существительные не изменяются по падежам. Употребляется только винительный падеж для существительных — личных имен мужского рода (срещнах Петка — встретил Петра).

Употребляется также звательная форма для мужского и женского рода (брате, другарю, другарко). Болгарский язык характеризуется сложной системой времен. Он имеет формы настоящего времени, а также несколько простых и сложных форм прошедшего и будущего времени.

В X—XV вв. литературным языком в Болгарии, как и на Руси, был старославянский язык — язык славянского богослужения. Русский литературный язык возник на Руси вместе с христианством и был принесен миссионерами вместе с церковными книгами из Болгарии. Это старославянский, или церковнославянский язык. Он возник в эпоху общеславянского единства, когда славянские наречия еще не выделились в самостоятельные языки, и отражал все особенности общеславянского языка. Поэтому в России он ощущался не как язык иностранный, а просто как язык литературный, и позднее, когда славянские языки уже основательно отличались друг от друга, он ощущался у нас в России не как чужой, а просто как устаревший, но тем не менее свой — литературный язык.

Позже, развившись на исконной русской почве, литературный язык впитал в себя все богатство церковнославянского. Благодаря этому русский словарь необычайно богат. Целый ряд понятий, представлений может быть выражен и русским словом, и словом по происхождению старославянским. Но слова эти различаются или оттенками значения, или же церковнославянское слово получает книжное, торжественное употребление.

Так, церковнославянское слово может иметь более абстрактное, а русское — более конкретное значение (небрежный — небережный, страна — сторона, глава — голова, оградить (кого-то) — огородить (двор), равный — ровный (путь), краткий — короткий (отрезок), чуждый — чужой, биение — битье, и т. д.

В других случаях различие наблюдается не в значении, а в употреблении церковнославянских слов в книжной, поэтической речи (ладья — лодка, перст — палец, очи — глаза, уста — рот, дева — девушка, дитя — ребенок, великий — большой, хладный — холодный, и т. д.).

Есть еще пласт церковнославянских слов, который отличаются от соответствующих русских только большей официальностью, большей «ученостью».

Это слова вроде «ибо» (потому что), «дабы» (чтобы), «средина» (середина) и др. Они просто дублируют соответствующие русские слова.

Наконец, есть церковнославянские слова, совсем вошедшие в литературный язык, как книжный, так и разговорный, не имеющие русского дублета. Это слова сладкий, облако, платок и др. При этом некоторые из них имеют дублеты только в народных говорах: острый — вострый, пламя — полымя, помощь — помочь, пещера — печора и др.

Преимущественно из церковнославянского материала создавалась русская научная терминология. Мы говорим «млекопитающие» и при этом представляем себе определенный класс животных с их общими признаками. Это «этикетка», такая же, как «рыбы», «птицы». Слово это составлено из двух старославянских (первая часть его «млеко — молоко»). Но если слово «млекопитающие» заменить «молоком-кормящие», то «этикетки» не получится, так как слово это имеет значение частного, а не общего признака. И это потому, что слишком конкретно и обыденно значение русских слов «молоком» и «кормить». Точно так же, как «млекопитающие», образованы, например, такие термины и «новые слова», как «млечный путь», «пресмыкающиеся», «влияние» и многие другие. Если бы вместо них составить слова из чисторусских элементов (молочная дорога, ползающие, влияние), то значение их стало бы конкретным, обозначало бы единичные конкретно-житейские факты. Значение же старославянских слов всегда абстрактно и редко связано с нашими конкретными житейскими представлениями, ибо сам старославянский язык — исконно книжный с точки зрения нашего языкового сознания. Только в такой роли он существовал на Руси.

Но старославянский язык оказал русскому языку и другие услуги.

Еще академик М. В. Ломоносов указал на то, что совмещение церковнославянских и русских слов порождает стилистические различия в русском литературном языке. Различая три стиля, Ломоносов указывал, что высокий стиль создается в основном употреблением книжных старославянизмов. Совмещение русской языковой основы со старославянской сделало русский литературный язык совершеннейшим орудием как теоретической мысли, так и художественного творчества. Это его громадное преимущество. В самом деле, ведь все то, что может выразить русский язык без использования элементов старославянского, — это уже много.

Но, кроме того, русский язык может выразить и такое, чего без древней языковой преемственности выразить нельзя. Таким образом, обогащение русского языка церковнославянскими традициями несомненно. Это обогащение проходило легко и естественно, так как различия между русским и церковнославянским были не так велики. Фонетические различия в большинстве случаев были сглажены приспособлением церковнославянского к русскому произношению. А те немногие различия в этой области, которые еще сохранялись (напр., нощь — ночь, злато — золото, брег — берег, млеко — молоко) настолько невелики, что не мешают отождествлению церковнославянских слов с похожими русскими словами.

В связи с тем, что прямые церковнославянские (а следовательно, и общеславянские) традиции в литературном языке были по историческим причинам утрачены другими славянскими народами (и в силу турецкого ига не сохранились даже в Болгарии), русский язык является тем звеном, которое связывает Россию со всем славянством. Как отмечал известный ученый Н. С. Трубецкой, русский литературный язык — единственный прямой преемник общеславянской литературно-языковой традиции, ведущей свое начало от Первоучителей славянских Кирилла и Мефодия.

Содержание

А

Б

В

З

И

К

Л

О

П

Содержание

Содержание

Я

Справочное издание

Брусенская Людмила Александровна
Гаврилова Галина Федоровна

РУССКИЙ ЯЗЫК
Словарь-справочник

Художник *С. Царёв*
Корректоры: *О. Милованова, Г. Бибикова*

Лицензия ЛР № 062308 от 24 февраля 1993 г.
Сдано в набор 05.04.97. Подписано в печать
30.05.97. Формат 84×108/32. Бум газетная. Гарнитура CG Times. Печать высокая. Усл. п. л. 18,53.
Тираж 10000 экз. Зак. № 153

Издательство «Феникс»
344007, г. Ростов-на-Дону, пер. Соборный, 17

Отпечатано с готовых диапозитивов в ЗАО «Книга»
344019, г. Ростов-на-Дону, ул. Советская, 57.